TOUS PARTENAIRES
DE LIBERTÉ

Pour en finir avec la souffrance et le rôle
de victime,
développez un regard neuf
sur la réalité
et devenez cocréateur de votre vie

Diane Gagnon

Titre original
Tous partenaires de liberté !
Pour en finir avec la souffrance et le rôle de victime, développez un regard neuf sur la réalité et devenez cocréateur de votre vie

Copyright © 2019 Diane Gagnon
1ère édition : septembre 2019

ISBN : 978-2-9818438-1-4
Dépôt légal – Bibliothèque et Archives nationales du Québec, septembre 2019

Autres titres parus chez Formaction
Apprendre à s'aimer un jour à la fois, 366 réflexions quotidiennes pour apprivoiser le bonheur (2015)

À moi de moi !, 101 cadeaux à se faire avec amour pour développer l'estime de soi (2016)

Porteurs d'espoir (2017)

Apprendre à vivre dans la paix du cœur, Découvrez la sagesse de la vie (quoi qu'il arrive) (2019)

Graphisme
Sandrine Guitard, www.sidhelf.com

Mise en page
Francine St-Pierre, Québec

Courriel : *diane@dianegagnon.com*
Site Web : *www.dianegagnon.com*

Facebook : *www.facebook.com/DianeGagnon.Auteur.Coach*
Youtube : *www.youtube.com/c/dianegagnon*
Commandes de livres : *formaction@videotron.ca*

*À Denis
Mon merveilleux partenaire d'éternité,
Avec tout mon amour !*

Préface

La valeur de ce livre tient notamment au fait qu'il indique un mouvement. Non point un changement avec lequel il est souvent confondu, mais bien un mouvement. Le changement n'est que l'une des conséquences du mouvement. Ce mouvement est celui de la conscience qui cesse enfin de se figer face aux « autres », aux évènements ou sur ce qu'elle imagine être sa propre nature et, souvent, ses limites. Cette fluidité se vit au rythme d'une musique qui peut s'entendre chaque jour davantage dès lors que l'on accepte l'idée d'une sorte de divine orchestration qui, en dépit de toutes les apparentes dissonances de l'existence, est toujours parfaitement harmonieuse.

Entendre ou percevoir cette harmonie universelle, il est vrai, exige de sortir de certains enfermements et de lâcher mille certitudes, au premier rang desquelles l'idée que la vie qui se déploie en nous et autour de nous nécessiterait que nous nous protégions, nous méfions, nous défendions, nous rebellions et, par voie de conséquence, passions le plus clair de notre temps à juger ce qui est.

Ici, au travers des écrits de Diane, il est proposé de revisiter notre rapport aux autres, aux épreuves, aux prétendus échecs pour y voir là plutôt des partenariats d'élévation, des occasions d'éveil, des leçons à assimiler et des invitations à voir infiniment plus loin que là où le jugement habituellement s'arrête. En somme, il s'agit d'entrevoir que chaque incidence, aussi confrontante puisse-t-elle nous apparaître n'est, en vérité, qu'une bénédiction.

La vie sur Terre n'est ni simple ni compliquée, ni triste ni gaie. Elle est ce que nous en faisons, c'est-à-dire ce que nous décidons d'y voir : une suite perpétuelle d'entraves à éviter ou de problèmes à régler ou bien, alors, le « lieu » parfait pour grandir en sagesse, pour trouver cet axe intérieur de responsabilité qui annihile toute forme d'attribution de la causalité de nos tourments intérieurs aux autres, aux éléments ou à une prétendue malchance. Bref, tout ce que notre mental séparé aime à désigner comme coupable ou fautif. Pour son franchissement, ce pas essentiel et définitif exige un courage, une intensité et une vigilance de toute évidence d'une teneur autre que la simple intention ponctuelle d'aller mieux ou de corriger en soi certaines erreurs de perception. En effet, c'est à cet « endroit » précis que se situe la source du mouvement : lorsque l'on consent à passer d'une posture de « bien-être » personnel visant majoritairement à s'aménager une sorte de territoire individuel confortable à un état d'acceptation à la fois résolue et joyeuse de tout ce qui a été, est et sera.

À cet endroit, c'est l'élan créateur en chacun qui est reconnu et honoré, et non plus le réflexe réactionnel ancestral qui entretient le conflit depuis des temps immémoriaux.

La réaction est immobilité, du fait qu'elle s'oppose à ce qui advient. La création est un mouvement continu qui s'affranchit des épuisants concepts de résultat, de réussite, d'objectif et, il va de soi, de toute forme de jugement. Les changements qui s'opèrent à travers le flux créateur ne découlent pas d'un désir de changer l'existant mais bien d'un lâcher prise complet et d'une confiance totale en l'intelligence de la vie.

Soit le changement est perçu comme un moyen d'être « bien » ou mieux, soit il est vu comme une conséquence naturelle d'une cessation totale de la lutte contre le mouvement de la vie. Bien qu'ils puissent apparaître de nature identique pour l'observateur extérieur, ils n'ont rien de commun. En tant que moyen, le changement est vain et toujours insuffisant. En tant que conséquence, il est force vertueuse en perpétuelle expansion.

Cette subtilité, pour être cellulairement intégrée, pour être ancrée dans le corps, demande à être mise en pratique au quotidien, non simplement comprise intellectuellement.

Il n'y a donc pas d'effort à produire pour se changer dans l'espoir d'atteindre une sorte d'idéal mais plutôt celui de cesser de vouloir autre chose que ce qui est ou a été. C'est ici que se situe la différence fondamentale entre « développement personnel » et intégration spirituelle, laquelle, au final, n'exige absolument plus aucun effort car toute volonté de séparation, de réparation, d'opposition et de compétition a disparu.

C'est à cette distinction essentielle dans le parcours d'un explorateur de la conscience que Diane Gagnon vous invite amoureusement à présent.

Gregory Mutombo

Tous partenaires de liberté

Pour enfin sortir de la souffrance et s'offrir un regard neuf sur soi, sur les autres et sur la vie et passer ainsi de victime des autres à cocréateur de votre vie !

Introduction

Certaines rencontres changent le parcours de notre vie à jamais. Je ne suis pas groupie ni naïve, mais j'avoue que ma rencontre en mai 2018 avec Gregory Mutombo et son épouse Sandy Octavia Plouvier fait partie des moments de ma vie qui la marqueront à jamais. Il y a un avant et un après !

Pourtant, ce qui a été dit et échangé n'était pas nouveau pour moi : il y avait plus de 30 ans que ces notions étaient connues de mon mental. Pourtant, pour la première fois me semble-t-il, ces paroles ont tellement touché mon cœur et mon âme qu'elles les ont ouverts pour de bon. Quand notre cœur est ouvert et que notre âme est prête, l'Amour est là.

L'Amour attirant l'Amour, c'est ainsi que Denis, mon merveilleux amoureux, mon extraordinaire partenaire de liberté, est enfin entré dans ma vie quelques jours plus tard à peine, après 6 ans d'une amitié complice. Un avant et un après !

Personne ne peut prédire quand se fera notre retour à la maison. On peut le souhaiter mais on ne le contrôle pas. Le chemin est différent pour chacun : ce qui résonne pour moi peut ne pas résonner du tout pour vous. Et c'est parfait ainsi. L'important est que nous nous rappelions que nous sommes beaucoup plus que ce que nous croyons être, que nous sommes l'Amour inconditionnel et qu'au-delà de notre mental, de nos peurs, de nos résistances, de nos blessures et de notre ego, il y a notre vrai Moi, notre âme, dont la mission première est d'apprendre à aimer, inconditionnellement. Pour y arriver, nous attirons toutes sortes de situations qui ont pour but de nous éveiller et qui font appel à notre compassion, à notre ouverture de cœur, à notre humilité, à notre authenticité.

Ce qui me touche ne sera pas nécessairement ce qui vous touche. Nous avons chacun notre libre arbitre. Mais faisons en sorte que nous n'oublions jamais que nous sommes ici pour aimer et non pour juger.

Le titre de cet ouvrage a été justement inspiré par ces mots prononcés par Grégory lors de ce weekend mémorable. Nous sommes tous partenaires de liberté ! D'ailleurs, la préface que Gregory m'a généreusement offerte a guidé en lumière l'orientation de ce livre déjà écrit afin de lui donner plus de puissance dans l'éveil des consciences.

Car l'autre face à nous est toujours la conséquence de l'amour que nous nous portons. Il vient éclairer en nous les espaces où la lumière n'a pas encore réchauffé notre cœur. C'est lui qui nous permet de nous élever et de nous éveiller en conscience.

L'autre est le parfait miroir de ce que nous ne voulons pas voir en nous ! Peu importe comment nous jugeons l'autre, c'est toujours la bonne personne au bon moment qui est là, devant nous. Que cela nous plaise ou non. Et surtout s'il nous irrite !

Chaque jour, chaque instant, chaque rencontre est une invitation pour aller à la rencontre de soi. De grâce, ne vous privez pas de ce bonheur immense : il donne tout son sens à notre existence.

Malgré l'inconfort de nous faire bousculer dans nos petites habitudes et dans nos grandes résistances, le cadeau qui nous attend au-delà de cette rencontre n'a pas de prix. C'est la grâce que je vous souhaite !

Diane

Prologue

Nous sommes tous partenaires de liberté

Pour enfin sortir de la souffrance et passer :

De la confrontation à l'harmonie
De la souffrance à la libération
De la résistance à l'ouverture
De la tension à la paix intérieure
Du conflit au partenariat
De la séparation à l'unité
Du jugement à l'Amour
De victime à cocréateur de sa propre vie

Après des années à parler de l'importance de l'estime de soi, ***il est temps d'avancer*** et de poursuivre notre chemin pour aller à la rencontre de l'autre et à la rencontre de soi. Je vous propose ici de revoir votre façon d'aborder la relation avec vous, avec les autres et avec la réalité, la Vie.

Dans ce livre phare, vous découvrirez comment :

- Évoluer en utilisant le côté rugueux des relations !
- Revoir vos croyances et apprendre à identifier les pensées qui vous font souffrir
- Apprendre à utiliser les conflits pour guérir ce qui a besoin d'amour en vous
- Réduire le stress, l'anxiété, la souffrance
- Sortir de l'enfer et revenir au paradis
- Accéder à la paix intérieure, à la joie
- Vous libérer du jugement, de la rancune, de la colère, du regard de l'autre
- Adopter une nouvelle approche des relations

Mais pour tirer tous les avantages de cet ouvrage, vous devrez aussi :

- Avoir la volonté réelle de renoncer au rôle de victime
- Avoir le désir profond de vouloir améliorer vos relations
- Désirer sincèrement prendre la responsabilité de votre bonheur
- Faire preuve d'ouverture d'esprit, mettre de côté votre ego, et être dans le cœur

L'humilité (l'amour de soi) et l'honnêteté seront ici vos meilleures alliées ! Et si vous embarquez dans cette merveilleuse aventure, ce sera le plus beau cadeau que vous puissiez vous faire car vous deviendrez libre !

Ce livre est construit en crescendo : plus vous avancerez dans sa lecture, plus les notions qu'il propose s'approfondiront. Cela signifie aussi que chaque fois que vous ouvrirez votre cœur davantage, vous franchirez une nouvelle étape dans la libération des carcans qui vous empêchent d'être pleinement vous-même, d'être pleinement heureux. Chaque nouvelle prise de conscience vous rapproche de la liberté. Au final, c'est votre regard total sur vous, sur les autres et sur la vie qui s'en trouvera transformé!

Puissent votre cœur et votre esprit être grands ouverts à la lecture de ces pages ! C'est l'éveil de votre conscience qui vous est offert ici!

Nous sommes responsables
de chacune de nos relations

Cette affirmation demeure le concept de base de cet ouvrage. Nous sommes effectivement responsables de chacune de nos relations.

Bien que cela puisse sembler incompréhensible, voire même mensonger, Il y a toujours un lien commun entre toutes nos relations : nous !

Ainsi, puisque nous sommes toujours responsables de toutes nos relations, ce qui arrive n'est jamais la faute de l'autre. Si c'est souffrant, c'est que nous croyons des pensées qui nous font souffrir. Évidemment, il y a des événements douloureux qu'il est presque impossible d'éviter. La douleur est inévitable mais la souffrance n'est pas nécessaire.

Nous souffrons quand nous revivons sans cesse l'événement qui nous a fait mal, quand nous affirmons haut et fort que l'autre n'aurait jamais dû faire cela, quand nous voudrions que la réalité soit autrement que ce qu'elle est, quand nous en voulons à l'autre, quand nous ramenons à la mémoire toutes les fois où nous avons vécu ce genre de douleur, quand nous restons dans notre problème plutôt que d'avancer, quand nous croyons que nous n'avons aucun pouvoir sur la situation.

Nous avons tous un tyran intérieur : nos pensées et nos croyances. Les pensées sont à l'origine de nos souffrances : quand nous croyons nos pensées, nous souffrons. Quand nous ne les croyons pas, nous pouvons éviter la souffrance. C'est l'attachement à nos pensées qui crée la souffrance. Lorsque nous souffrons, nous devrions nous demander quelle pensée est à l'origine de cette souffrance : est-ce que cette pensée m'apporte la paix et la joie ou la souffrance, le stress ?

Tant que nous croyons que c'est la faute de l'autre, nous ne pouvons pas accueillir, apprendre, accepter, avancer. Nous restons coincés dans l'événement qui, pourtant, fait déjà partie du passé… et nous souffrons.

Mais si nous nous ouvrons à ce qui est, ici, maintenant, et que malgré le chagrin ou la douleur, nous accueillons la réalité telle qu'elle est, nous sortons de notre position de victime et nous pouvons agir. Nous pouvons reprendre notre pouvoir et voir les options qui s'offrent à nous. Nous pouvons même modifier notre réaction à l'événement, chercher ce que cette situation peut nous apprendre, rester dans l'amour et poser l'action juste à ce moment-là.

Nous avons attiré toutes ces relations à nous à partir de ce que nous sommes. Toutes. Personne n'est dans notre vie par hasard. C'est toujours la bonne personne en face de nous au bon moment. Il ne sert à rien de maugréer contre une ou des personnes puisqu'elles sont là pour une raison : éclairer ce qui a besoin d'être mis en lumière en nous.

Nous seuls pouvons nous sortir de la souffrance dans laquelle nous nous sommes laissés plonger. Nos croyances nous ont amenés à faire des liens qui nous font souffrir. Pour sortir de la souffrance, nous devons enfin reconnaître que nous sommes responsables de notre bonheur. Nous pouvons choisir de rester dans cette relation ou d'en sortir. Nous pouvons choisir de nous affirmer et de mettre nos limites. Nous pouvons choisir de changer notre point de vue ou de demander à l'autre de faire certains ajustements. Mais l'autre aussi est responsable de sa réaction et de sa réponse à notre demande. Nous ne pouvons forcer personne à être autrement que ce qu'il est. Et nous pouvons encore choisir notre réaction à sa réponse.

Ce concept de base est valable pour TOUTES nos relations. Nous avons toujours le choix. Nous sommes responsables de notre vie, de notre bonheur, de nos relations, de nos réactions, de nos décisions. L'autre est un révélateur de ce que nous ne voulons pas assumer en nous. Ainsi, c'est toujours la bonne personne qui est là, en face de nous.

Développement personnel

Le titre de ce chapitre fait bien sûr référence à tout ce monde du développement personnel dans lequel nous baignons depuis plusieurs années. Dans une inspirante interview de Gregory Mutombo, que j'ai reçu à mon émission Porteurs d'espoir, il prononce cette phrase choc : « Plutôt que de parler de développement personnel, nous devrions plutôt parler de dépouillement personnel ! »

N'est-ce pas une merveilleuse idée ? Il est sans doute temps de réaliser que nous avons déjà tout en nous, que nous sommes déjà cette sagesse interne qui nous guide quotidiennement, minute après minute. Nous n'avons donc pas tant à nous « développer » personnellement, qu'à nous « dépouiller » personnellement de ce qui ne nous est plus utile, de ce qui nous nuit : nos fausses croyances, nos blessures, notre passé, nos relations toxiques, notre besoin d'approbation et tant d'autres boulets que nous traînons lourdement et inutilement depuis trop longtemps.

Ces entraves à notre bonheur sont souvent alimentées par notre mental qui aime les choses compliquées et qui cherche à se rendre important en nous faisant croire que nous devons apprendre davantage de techniques, devenir de meilleures personnes, suivre tels enseignements, telles formations, tels séminaires et forcer pour être aimés ou pour faire partie de ce mouvement extérieur à nous.

J'aime l'idée du dépouillement personnel parce qu'elle procure un sentiment de paix, comme lorsque nous rentrons enfin à la maison ; parce qu'elle nous confirme qu'il n'y a rien à faire, juste à être. Parce qu'au fond de moi, ça vibre profondément juste.

Peut-être le temps du développement personnel est-il en train de se transformer en quelque chose de plus simple, de plus vrai, de moins exigeant. Peut-être le développement personnel était-il une étape dans notre dépouillement personnel.

Maintenant, il semble que le temps soit venu de revenir à soi, dans toute notre simplicité, avec tout notre Amour et d'aller nous connecter avec ce que nous sommes vraiment, avec cette essence divine que nous portons en nous, qui est nous et de nous dépouiller de tout ce qui nous demande d'être autre chose que nous sommes déjà. Pour moi, c'est ça, le dépouillement personnel. Et comme cela part de chacun de nous, c'est toujours notre vérité qui nous guide.

Pour ne jamais souffrir en vain !

Ce serait si simple s'il n'y avait pas de souffrance dans la Vie, non ? Pas de malheurs, pas de pleurs, pas de crises, pas de colères, juste du bonheur, de la joie, du plaisir et de l'Amour ! À moins de vivre en permanence au pays des Bisounours, nous savons très bien qu'il n'en sera jamais ainsi.

Même très jeunes, certains d'entre nous ont déjà beaucoup souffert, alors imaginez une fois à l'âge adulte ! On dirait que plus on avance en âge, plus on accumule notre lot de souffrances, de déceptions, de chagrins, de pleurs, de tristesse.

Certains autour de nous ont peut-être même des vies entières de malheur, comme si la guigne s'acharnait sur eux. D'autres semblent nés sous une bonne étoile, alors que leur vie paraît si facile vue de l'extérieur.

Et pourtant, je ne crois pas au mauvais sort qui s'acharne ni à ceux qui semblent avoir tout cuit dans le bec ! Je crois que nous avons toujours exactement ce dont nous avons besoin en ce moment pour évoluer.

Je vous entends d'ici me dire « Et bien ce n'est pas vous qui êtes à ma place, avec ce que je vis ! » Je sais, ce que nous vivons, chacun d'entre nous, nous semble toujours pire, quand c'est négatif, ou mieux, quand c'est positif, que ce que tous les autres vivent. C'est humain, nous faisons tous cela !

Mais pour ce qui est de la souffrance, je ne croirai jamais que le mauvais sort s'acharne sur une personne, malgré toutes les apparences. Je crois plutôt que la Vie a un grand plan pour chacun d'entre nous, un grand plan qui dépasse et parfois fait fi de tous nos petits plans.

La Vie est notre enseignante : elle se charge de nous apprendre les leçons qui sont les nôtres de la manière la plus appropriée. Mais souvent, nous sommes de mauvais élèves et nous refusons d'apprendre ce qui, pourtant, nous rendrait plus heureux, plus souple, plus aimant. Alors nous faisons l'école buissonnière, nous n'écoutons pas, nous rêvons à autre chose, nous imaginant dans une classe de niveau supérieur alors que nous sommes en train d'échouer l'année en cours !

Notre prof est patiente : elle ne se lasse pas de nous répéter la même leçon encore et encore pour que nous l'apprenions. Mais comme nous faisons la sourde oreille, ses méthodes deviennent parfois plus ... corsées.

La Vie n'a pas pour but de faire souffrir qui que ce soit, elle ne vise qu'à accompagner notre développement. Mais si nous résistons, nous stagnons ou nous nous entêtons, alors nous souffrons.

Lorsque nous sommes dans cette souffrance, il nous est difficile de regarder au-delà et de tenter de comprendre le pourquoi de cette situation. Si nous pouvions nous élever et contempler le Grand Plan, sans doute pourrions-nous un peu mieux accepter la situation qui semble nous faire souffrir en ce moment car nous pourrions voir clairement ce qu'elle vise à nous enseigner.

Aucune souffrance ne doit être vaine. En fait, aucune ne l'est mais beaucoup ne cherchent pas à lui donner un sens, trop heureux de la voir s'en aller. Alors que si nous lui donnons un sens, si nous trouvons ce que cette souffrance avait à nous apprendre, nous pourrons apprécier le Grand Plan et comprendre que, peut-être, avions-nous besoin de ce malheur, petit ou grand, pour devenir une meilleure personne, que ce soit pour apprendre à mieux aimer, à cesser de juger, à aider les autres, à nous débarrasser d'un mauvais penchant, à pardonner, à nous pardonner, à corriger le tir pour être plus en harmonie avec notre mission, avec ce que nous sommes vraiment.

Comprendre le sens de ce que nous vivons, ou si nous ne le trouvons pas, au moins lui en donner un, nous permet de mieux accueillir tout ce que nous vivons. Savoir que rien n'est inutile nous aide parfois à découvrir ce que nous devons changer pour moins souffrir. Accueillir ce qui vient même si ça nous déplaît nous permet de ne pas nous cantonner dans une position rigide de résistance qui, à tout coup, nous fait souffrir.

Peut-être peut-on comparer certains passages de vie avec l'accouchement : résister à la douleur des contractions n'y changera rien, si ce n'est empirer la douleur. Mais accueillir chaque vague de contractions en sachant qu'elle nous rapproche de ce qu'il y a de plus beau nous aide à passer au travers. C'est ainsi que nous nous mettons au monde.

Si nous pouvons faire en sorte de nous promettre de ne jamais souffrir pour rien, si nous pouvons rapidement donner un sens à nos souffrances, alors bien des leçons deviendront inutiles car nous aurons ouvert notre cœur.

En fait, il n'y a que nous qui nous faisons souffrir en refusant d'accueillir la réalité comme elle se présente, ici, maintenant. Nous nions, nous refusons, nous rageons… et nous souffrons. Si nous accueillons ce qui nous est offert en ce moment, chaque instant de notre vie, nous cessons d'être dans la lutte pour être dans la paix, le cœur ouvert. La douleur peut survenir dans la vie mais la souffrance est un choix. Résister fait souffrir, accueillir le cœur ouvert apporte la paix.

Au final, c'est tout ce que la Vie demande : que nous gardions le cœur ouvert, quoi qu'il arrive.

Jamais à 100 % !

Dans un conflit, un malentendu ou une discussion, dans tous les cas, aucune des deux parties n'est responsable à 100 % du conflit. Ce n'est pas toujours un partage 50-50 des « torts », évidemment, mais il est faux de croire que tout est de la faute de l'autre, que l'autre a complètement tort et que nous sommes les seuls à avoir raison.

Cependant, c'est souvent tellement difficile de voir en quoi nous avons tort, quelle partie de nous contribue aussi au conflit, que nous préférons tout rejeter sur l'autre.

C'est pourtant dans cet espace de conflit que nous pouvons apprendre le plus sur nous. On peut aussi observer les blessures de l'autre en action, car ce sont souvent les parties qui manquent d'amour qui réagissent fortement lors d'un conflit, ou qui le crée, même, par besoin de répéter un scénario connu depuis l'enfance et parce que nous n'avons pas encore compris ce que nous devions apprendre.

Mais si on peut créer un tout petit espace de lumière en nous, au moment du conflit, juste pour voir qu'est-ce qui, en nous, à ce moment précis, a tant besoin de se faire entendre, peut-être pourrions-nous désamorcer la catastrophe annoncée.

Si nous avons assez d'humilité, certes, mais surtout d'estime de soi pour nous dire : « je veux guérir ce qui me fait mal dans cet instant ; qu'est-ce que j'ai à comprendre en ce moment ? Qu'est-ce que la situation réveille en moi ? Qu'est-ce qui en moi a tant besoin d'être entendu pour que je me mette dans un tel état ? » Alors nous pourrons trouver, avec courage, quelques réponses à nos propres conflits intérieurs.

Car tout conflit extérieur n'est que le reflet de nos propres conflits intérieurs. Je sais, cette affirmation n'est pas très attirante et on n'a pas nécessairement le goût de l'examiner attentivement car elle dérange ! Encore une fois ici, c'est plus facile de dire « oui mais c'est lui, là, qui... ! »

Souvent, ce que justement nous reprochons à l'autre, c'est exactement ce que nous avons besoin de guérir. Sous une forme différente, peut-être, mais cela part d'une blessure similaire. J'ai déjà écrit que deux personnes qui se rencontrent, c'est comme la rencontre de deux icebergs, c'est la partie cachée qui nous attire vraiment chez l'autre. C'est souvent dans les conflits que cela se reflète le plus.

Si, dans l'émotion, nous n'arrivons pas à créer l'espace pour nous observer, ayons la sagesse de faire cet examen de conscience après le conflit. Car c'est ainsi que nous évoluons, un pas à la fois, pas toujours dans la facilité, mais avec courage et sincérité.

Le conflit sert toujours une merveilleuse occasion de grandir. Peut-être est-ce le moyen choisi par notre âme pour nous aider à devenir plus conscients de qui nous sommes vraiment.

Et puis, ne rêvons-nous pas tous d'une vie la plus harmonieuse possible ? Alors peut-être pouvons-nous regarder ce qui se passe à NOTRE bout de la relation. Peut-être pas pour sauver la relation à tout prix, mais pour grandir en découvrant ce qui a tant besoin d'Amour en nous.

La responsabilisation

Nous croyons tous que nous sommes responsables, matures, fiables. Nous sommes convaincus que nous assumons nos décisions, nos choix, nos responsabilités. Pourtant, nous nous mentons encore à nous-mêmes souvent.

Quand nous reprochons à l'autre de nous blesser, nous ne nous assumons pas. Quand nous croyons que les circonstances extérieures sont responsables de notre malheur ou de notre mal-être, nous n'assumons pas nos responsabilités. Quand nous croyons que c'est l'autre qui est en faute dans notre conflit, nous n'assumons pas notre part de responsabilité dans la situation.

Bien sûr, il est bien plus facile de blâmer l'autre que d'accepter de se voir soi-même. Il est plus facile de reprocher aux circonstances extérieures – température, gouvernement, patron, société, parents, enfants et autres- le fait que nous ne sommes pas heureux que d'accepter de reconnaître que nous sommes responsables de ce que nous vivons. À 100 % !

Évidemment, il nous est extrêmement difficile d'admettre que nous jouons à la victime. Pourtant, n'est-ce pas ce que nous faisons quand nous nous plaignons de nos conditions de travail, quand nous trouvons que notre conjoint devrait en faire plus, quand nous estimons que nos parents devraient nous demander pardon, quand nous croyons que nos enfants sont ingrats ? Ne voyons-nous pas ici nos attentes à l'œuvre, tentant de conforter notre ego dans sa soif inépuisable de puissance et de rectitude qui nous fait croire que nous avons toujours raison et que les autres ont toujours tort ?

Assumer nos responsabilités, cela ne se résume pas à payer le loyer, les comptes, rentrer au boulot à l'heure prévue, élever nos enfants selon les standards sociétaux, nous comporter selon notre standing.

Être responsables, c'est comprendre que nous sommes TOUJOURS, à 100 %, responsables de ce que nous vivons. Pas coupables : responsables. Cela signifie que nous avons créé toutes les situations que nous vivons en ce moment, sur un autre plan, pour que nous puissions transcender ces difficultés et apprendre à mieux aimer. Et pour être plus précise en faisant cette lapalissade, je dirais que nous sommes responsables à 100 % de ce que nous vivons à partir du moment où nous devenons conscients que nous sommes responsables à 100 % de ce que nous vivons. Donc, à partir de maintenant, impossible de revenir en arrière et de reporter sur les autres une quelconque faute !

Nous avons choisi ce conjoint peut-être colérique, ce patron peut-être méprisant, ces enfants peut-être ingrats pour que nous apprenions enfin à mieux nous aimer, à redécouvrir notre grandeur d'âme, pour que nous apprenions enfin l'amour inconditionnel, tout en développant notre capacité à mettre nos limites et à nous faire respecter, sans agressivité, dans l'Amour. L'autre nous montre ce que nous devons voir en nous. Comment s'exprime notre colère ?

Quand méprisons-nous les autres, ou nous-mêmes ? Manquons-nous de gratitude envers la vie ?

Il est impossible d'attirer une situation ou une personne dans notre vie qui ne vibre pas avec une partie de nous. Ce qui nous irrite chez l'autre vibre déjà là, au fond de nous, sinon nous ne l'aurions pas attiré. Rien ne nous est imposé qui soit au-delà de nos forces et de nos capacités de résilience, d'acceptation, d'amour et de compassion. Nous n'avons qu'à nous rappeler que nous sommes tous ici pour apprendre à aimer. Ainsi, nous ne verrons plus d'intérêt à juger, condamner, rejeter, calomnier ou détester. Nous verrons que chaque être humain qui nous touche est un enseignant pour nous, tout comme nous en sommes un pour lui. Sortons de nos petites vies pour entrer dans la Vie, pour vivre enfin en harmonie avec ce que nous sommes vraiment.

Sortons des moules que l'on nous impose depuis notre naissance et partons à la découverte de ce que nous portons au fond de nous. Ça fait peur ? Et alors ? Revenir à soi sera toujours plus grand que de continuer à jouer un rôle que d'autres ont choisi pour nous et qui nous étouffe petit à petit. Sortir des sentiers battus et des ornières que d'autres ont tracées pour nous nous permet de retrouver enfin le chemin qui mène à notre cœur. Et ça, ça n'a pas de prix.

Tout ce que nous vivons a un but

Tout ce que nous vivons, surtout ce qui nous dérange ou nous fait souffrir, a un but : celui de nous rendre conscients de qui nous sommes, celui d'apprendre à aimer. Toute souffrance est issue de notre résistance à ce qui est, à la Vie elle-même.

Nous essayons de contrôler notre environnement, mais ce faisant, nous nous mettons une telle pression sur les épaules que nous n'arrivons pas à être bien, toujours en alerte, sur le qui-vive. Nous tentons d'échapper à ce qui nous fait mal, mais ce faisant, nous retardons le moment où la lumière éclairera cette partie de nous qui demande à être mieux aimée. Nous tentons de nous couper de nos émotions, mais celles-ci s'impriment dans notre corps pour ressortir tôt ou tard sous forme de maladies ou d'accidents.

Tant que nous nous fermons à ce que la Vie elle-même met sur notre chemin, nous nous privons des plus beaux cadeaux qui soient. Nous devons apprendre à laisser la Vie circuler à travers nous, en nous, pour nous. Au lieu de cela, nous croyons que nous devons nous battre, avoir des objectifs, travailler fort, combattre l'ennemi, nous méfier des autres, juger, acquérir des connaissances et que sais-je encore dont notre ego a tant besoin pour se sentir important. Le stress nous envahit et nous épuise, physiquement, mentalement, émotivement. Nous croyons nos pensées qui nous éloignent de nous. Nous ne voyons pas que nous sommes responsables de bien des souffrances dans notre vie.

Tant que nous n'accueillons pas pleinement la Vie en nous, nous souffrons ! Le jour où nous lâchons prise, où nous cessons de résister, où nous répondons à ce que la Vie attend de nous, le jour où nous mettons de la conscience dans nos gestes et de l'Amour dans nos paroles, ce jour-là, nous faisons vraiment équipe avec la Vie. C'est le véritable chemin de la liberté.

Contrat d'âmes

« Les âmes s'assirent autour de la table ronde pour choisir leur prochaine leçon à apprendre. Se leva une âme forte et courageuse : « Je vais sur terre pour apprendre à pardonner. »

Les autres âmes dirent, effrayées : « mais c'est l'une des leçons les plus difficiles.., tu ne peux pas l'apprendre en une seule vie... Tu vas souffrir... On va s'inquiéter pour toi, mais... Tu peux le faire, on va t'aider... »

Une des âmes dit : « Je suis prête à t'accompagner sur terre pour t'aider. Je serai ton mari ; dans notre vie familiale, il y aura beaucoup de problèmes à cause de moi, et tu apprendras à me pardonner. »

Une autre âme soupira : « Je peux devenir un de tes parents, je vais te faire vivre une enfance difficile, et ensuite tu me suivras dans tout ce que tu vas faire, et tu apprendras à me pardonner. »

Et la troisième âme dit : « Et je serai l'un de tes supérieurs, je te traiterai mal, injustement, pour que tu apprennes le sens du pardon. »

D'autres âmes décidèrent de la rencontrer à d'autres périodes de sa vie, pour réviser la leçon... chaque âme choisit sa leçon à apprendre, prépara un plan de vie, et chacune descendit sur terre pour remplir son contrat d'âme. »

(Auteur inconnu)

Il n'y a jamais de hasard.

Chaque personne apparaît dans notre vie au moment où nous en avons besoin et parce que nous en avons besoin pour apprendre une leçon que nous avons choisie d'apprendre dans cette Vie.

Lorsque nous comprenons le grand plan de la Vie, nous pouvons accueillir avec plus d'ouverture tous ces êtres qui semblent nous faire souffrir ou nous irriter car chacun a son rôle à jouer dans notre plan de vie.

Ceux qui semblent nous faire souffrir sont souvent nos plus grands maîtres.

Que nous y croyons ou non, nous avons tous établi des contrats d'âmes les uns avec les autres avant notre incarnation pour nous rappeler que nous sommes Amour et pour nous libérer de tout ce qui n'est pas l'Amour. Nous sommes tous liés les uns aux autres et chacun joue son rôle à la perfection dans notre vie. Toute situation, toute personne est dans notre vie pour nous rappeler l'Amour que nous sommes. Prétendre qu'il y a des bons d'un côté et les méchants de l'autre illustre notre incompréhension du fonctionnement de la Vie et de l'Amour.

C'est notre ouverture du cœur qui définit la conscience que nous avons de la bienveillance de la Vie à notre égard. Chaque chose, chaque personne, chaque événement a sa raison d'être. Ainsi, nous n'avons plus à juger qui que ce soit ou quoi que ce soit. Nous avons simplement à accueillir ce qui est là.

La sagesse

Quel bonheur parfois de faire la rencontre de personnes remplies de sagesse ! On dirait qu'elles ont la faculté de nous élever, de nous éveiller à notre propre sagesse. Elles ont une sorte de calme profond, de sérénité, de confiance absolue en la Vie qui nous fait remettre en question plusieurs de nos paradigmes erronés.

On associe souvent le nombre d'années de vie et d'expériences à la sagesse alors qu'aucune de ces notions ne se transmet. On ne peut transmettre nos années de vie, ni notre sagesse aux autres. On ne peut pas non plus, et c'est là un grand piège pour notre ego, transmettre notre expérience à ceux que nous aimons. Surtout pas à nos enfants !

Ce que nous avons appris de nos expériences vécues faisait partie de notre route d'apprentissages. Nos enfants, ou notre conjoint, nos amis, ont TOUS un chemin différent. Une même expérience apportera une compréhension différente pour chaque personne. Pour preuve, regardez avec les membres de votre famille quels souvenirs ils gardent du temps de votre enfance et il est fort possible que vos souvenirs soient totalement différents, souvent même face à un même événement.

Pourtant, je vois souvent des parents tenter de faire comprendre à leurs enfants qu'ils pourraient éviter bien des problèmes s'ils apprenaient des expériences de leurs parents. Rien n'est plus faux. Nos enfants ne nous appartiennent pas. Ce n'est pas nous qui les élevons, ce sont eux qui nous élèvent. Nous nous élevons mutuellement, tout au long de notre vie. Chaque génération est différente de la précédente et son chemin va souvent plus loin que celui de ses parents.

Cette sagesse que nous avons, croyons-nous, si chèrement acquise n'est pas transmissible à qui que ce soit. Parce que la sagesse ne s'acquiert pas : nous la portons tous en nous depuis la nuit des temps. Nous naissons sages mais nos conditionnements appris nous font oublier cette sagesse innée pour nous mouler aux attentes de la société.

La sagesse que nous croyons acquérir n'est en fait qu'un niveau de conscience plus élevé que nous franchissons chaque fois qu'une nouvelle expérience nous touche tellement qu'elle nous oblige à nous délester de ce qui nous nuit. En ce sens, la sagesse ne s'apprend pas, ne se développe pas : elle est le fruit du dépouillement de nos conditionnements depuis notre enfance. Notre sagesse, c'est notre intuition : plus nous lui faisons confiance, plus nous vivons des preuves de son immense puissance, de sa vérité, de NOTRE vérité.

Nous portons tous en nous cette sagesse. Le problème, c'est que nous l'avons oublié ! En la laissant s'exprimer et en étant à son écoute, nous lui permettons de guider notre vie dans chacun de nos gestes quotidiens, dans chacune de nos paroles, dans chacune de nos intentions. En nous défaisant de nos conditionnements, nous nous reconnectons avec ce qui a toujours été là : notre sagesse infinie. Dès lors, nous ne sommes plus en attente de quoi que ce soit : tout est là, en nous, depuis toujours.

L'ego spirituel

Lorsque nous cheminons dans la Vie et que nous prenons conscience de certains apprentissages que nous devons faire, nous commençons à nous ouvrir à de nouvelles manières de voir les choses, de vivre nos difficultés, de comprendre l'autre... et soi-même.

Plus nous avançons, plus nous croyons savoir des choses que d'autres n'ont pas encore compris ; du moins, c'est ce que nous croyons.

Il nous est tous arrivé de rencontrer des gens qui, parce qu'ils s'intéressent au développement personnel et spirituel, semblent se croire au-dessus des autres et savoir mieux que les autres ce que chacun a besoin de faire pour évoluer. On dirait que ces personnes détiennent la vérité sur tout ! Elles ont l'impression d'avoir réussi à maîtriser leur ego mental mais elles oublient de voir que leur ego spirituel est en train de prendre toute la place !

Nous sommes tous sujets à vivre le gonflement de notre ego spirituel. Il est tellement bon de vivre en fonction de ses valeurs et de sa propre philosophie de vie que nous croyons que tout le monde devrait faire comme nous, tellement nous nous sentons mieux maintenant que nous l'étions avant de nous ouvrir à notre vie spirituelle.

Pourtant, il faut nous rappeler que l'ego aime s'immiscer dans toutes les sphères de notre vie ! Et qu'un égo, fusse-t-il spirituel, demeure... un ego !

Sur notre chemin de croissance personnelle ou spirituelle, gardons-nous de croire que nous savons plus ou mieux que les autres car ce que chacun d'entre nous apprend, chaque leçon que la Vie lui enseigne, n'est destinée qu'à lui seul ! Nous avons tous des chemins différents, des apprentissages différents à faire, des choses différentes à comprendre. Ce qui est bon pour nous ne l'est peut-être pas pour l'autre. Et ce que l'autre trouve difficile, peut-être le trouverions nous facile. Mais cela ne minimise pas la difficulté de l'autre. L'inverse est aussi vrai dans les deux cas.

Nul ne peut se targuer d'être meilleur qu'un autre. Nous sommes tous égaux, même si nous sommes rendus à des étapes différentes de notre développement. Nous ne sommes ni plus ni moins évolués : nous évoluons, tout simplement.

L'une des principales caractéristiques du cheminement personnel et spirituel devrait toujours être l'humilité. Car l'humilité nous enseigne à demeurer dans l'Amour, dans le non jugement, l'authenticité, la vulnérabilité, le respect, l'accueil.

Dès que notre ego prend trop de place dans notre vie spirituelle, nous ne sommes déjà plus dans notre spiritualité. Et ce n'est pas parce que nous tentons d'aider les autres de notre mieux que nous sommes meilleurs qu'eux. L'enseignement doit rester un geste d'Amour, pas d'ego supérieur. D'ailleurs, nous enseignons toujours le mieux ce que nous avons à apprendre !

Quelque que soit le niveau de spiritualité dans lequel nous évoluons, nous ne sommes pas à l'abri des coups durs et des leçons de la Vie. Personne n'est parfait et la Vie se charge de nous le rappeler, surtout lorsque l'ego nous fait croire que nous sommes au-dessus de tout ça !

Poursuivons notre cheminement en restant ouverts aux autres et aux signes de la Vie quant à notre prochaine étape. Car c'est la Vie qui nous enseigne le mieux. Et elle le fait sans ego !

Tout passe

Il y a quelque temps, j'ai pris la décision de vendre ma maison. Ce n'est pas que je ne l'aime plus, c'est parce que tout passe, et que ce lieu aussi a terminé son passage dans ma vie.

Nous faisons chaque jour des choix qui déterminent notre futur. Pour moi, cette maison représentait la liberté, la beauté, l'autonomie. C'était mon lieu de travail et mon lieu de vie. J'y ai élevé mon dernier fils et j'y ai connu beaucoup d'apprentissages, de joies, de doutes, de réflexions, de lâcher prise. Cette maison a été source de confort et de sécurité. Mais bien que les signes de réussite puissent apparaître alléchants avant de les obtenir, ils ne représentent plus ce que je suis ni ce à quoi j'aspire. Et je demeure persuadée qu'une belle petite famille est prête à y établir son nid et y être heureuse, entourée des rires d'enfants, de la proximité de tout et d'un quartier exceptionnel.

Il en va ainsi dans notre vie. Il vient un moment où, sans qu'une raison intellectuelle ne vienne l'expliquer ou le justifier, nous savons au fin fond de notre cœur que notre temps est révolu, que notre âme aspire à autre chose, que le temps est venu de refaire notre nid ailleurs. Cela s'applique autant pour une maison, pour un travail, pour des relations ou des activités.

Le problème c'est que nous résistons souvent à cet élan qui nous souffle à l'oreille : « C'est terminé ici. Va ailleurs ! » Nous résistons car nous croyons que notre sécurité dépend du statu quo, de l'immuable, du connu et du solide. Mais pourtant, autant il serait vain de tenter de vouloir stopper les vagues de s'échouer sur la plage, autant il est inutile de bloquer cet irrésistible mouvement de vie à travers nous qui nous indique toujours quand le moment est venu de passer à autre chose, d'apporter le changement nécessaire. Car nul n'évolue dans le statu quo, ne l'avez-vous pas remarqué ? Le statu quo signifie que rien ne bouge, alors que toute évolution est mouvement !

C'est à nous seuls qu'incombe la responsabilité de suivre volontairement et même avec enthousiasme ce mouvement qui nous envahit, faute de quoi le mouvement s'imposera à nous tôt ou tard contre notre gré, engendrant souffrance et chagrin.

Quand nous acceptons de suivre le mouvement de la Vie, tout changement est le bienvenu car nous savons que nous ne pouvons rien retenir, rien empêcher, rien contrôler. Nous n'avons qu'à faire confiance à notre plus grande partenaire de liberté, la Vie !

J'ai confiance, car je sais que là où la Vie m'amène, j'ai d'autres missions à remplir, d'autres joies à vivre, d'autres apprentissages à savourer. Et j'accueille ce qui m'est demandé car je sais que c'est ce qui est le mieux pour moi. Tout comme il nous revient d'accueillir ce qui nous est demandé car c'est toujours pour le mieux pour nous. C'est si facile quand nous nous laissons porter par la vague plutôt que d'essayer de la retenir ! Ne résistons plus, soyons à l'écoute de la Vie et suivons son mouvement car c'est le nôtre aussi !

Nos zones d'ombre

Nous avons tous nos zones d'ombre que nous tentons tant bien que mal - souvent davantage mal que bien !- de cacher aux autres. Souvent aussi, nous tentons de nous cacher à nous-mêmes nos propres zones d'ombre, pour ne pas les voir, pour ne pas voir qu'il nous reste du dépouillement à faire, pour ne pas briser la sacro-sainte image que notre ego a mis toute sa vie à bâtir, entretenir et préserver.

Et pourtant, ces zones d'ombre font partie de nous. Elles nous invitent à plus de conscience, plus de courage, plus d'authenticité. Elles nous exhortent surtout à ne pas nous juger, à nous accueillir dans ces pans de nous qui font encore partie de nous, jusqu'à ce que nous les éclairions, jusqu'à ce que nous les inondions de notre amour inconditionnel envers nous-mêmes, envers la Vie elle-même.

Car une zone d'ombre n'est rien de plus qu'un endroit en nous qui manque de lumière : une fois éclairé, « mis en lumière », cette partie sombre de nous disparaît, pour peu que nous ne la refoulions pas à nouveau.

Malgré tout notre « cheminement », nous nous surprenons encore parfois à avoir des réactions qui manquent d'amour, des jugements faciles, des morceaux de colère qui se désagrègent sous nos yeux. Si nous aspirons à être de plus en plus conscients, nous sommes fortement tentés de ressentir de la honte pour ces comportements que nous avons et que nous ne jugeons pas dignes de ce que nous sommes, de la manière dont nous nous percevons. Mais si nous nous jugeons et cultivons la honte sur nos zones d'ombre, nous serons portés à les enfouir davantage afin de ne pas briser notre image, plutôt que de les aimer pour les guérir enfin.

Ce n'est qu'en nous accueillant complètement dans ces zones sombres que nous pourrons enfin les transcender. Nous devons reconnaître qu'elles sont là, qu'elles nous ont déjà été utiles pour survivre, et accepter que nous n'en ayons plus besoin maintenant pour rester debout. Nous pouvons même remercier nos mauvais penchants, que ce soit un caractère colérique, un manque de dignité, une impatience éprouvante, une méfiance qui juge et condamne, pour nous avoir permis de surmonter certaines difficultés passées, car s'ils ne nous avaient pas été utiles, nous ne les aurions pas gardés comme modes de fonctionnement. Mais maintenant que nous souhaitons vivre davantage en conscience et dans l'Amour, nous pouvons reconnaître que leur temps avec nous est écoulé et que nous pouvons laisser aller ce qui ne nous sert plus dans ces comportements qui manquent d'Amour envers nous-mêmes et envers les autres.

Car qu'est-ce qu'une zone d'ombre au fond sinon un espace en nous qui manque d'Amour ? Il nous revient d'éclairer ces zones et de leur apporter tout l'Amour dont elles ont besoin pour se transformer en quelque chose de plus sain, de plus beau, de plus simple, de plus aimant.

Une zone d'ombre est toujours créée par la lumière qui l'entoure. Pas de lumière, pas d'ombre ! Alors faisons la place pour que toute notre lumière rayonne davantage en nous, puis autour de nous.

La loyauté

C'est toujours remarquable de voir comment certaines personnes font preuve d'une loyauté inébranlable envers d'autres personnes. Certains employés sont ainsi extrêmement loyaux envers leur patron ou l'entreprise pour laquelle ils travaillent et s'y dévouent corps et âme, parfois même au détriment de leur propre santé.

La loyauté est particulièrement évidente envers les parents. Si nous avons été élevés dans des conditionnements assez prononcés, il est fort possible que nous ayons développé une forte loyauté envers nos parents. Même après leur décès ! Nous continuons de faire tout ce que nous pouvons pour être conformes à leurs attentes, leurs valeurs, l'éducation qu'ils nous ont donnée.

Cette loyauté envers les parents est si forte que lors de divorces particulièrement acrimonieux, nous disons que les enfants éprouvent un conflit de loyauté envers leurs parents : à qui doivent-ils maintenant être loyaux vu que les deux s'entredéchirent et tiennent des discours apparemment opposés ? Et plus ce conflit de loyauté est fort, plus l'estime de soi et la joie de vivre de l'enfant s'estompe, jusqu'à presque disparaître. Tout ça par loyauté envers ses parents, pour ne pas déplaire, ne pas faire de peine. Pour être aimé.

La loyauté est parfois une belle qualité. Mais pas toujours.

Quand nous sommes pris dans un conflit de loyauté, ou que nous l'imposons inconsciemment à nos enfants, la loyauté devient un boulet qui déchire le cœur en deux.

Quand la loyauté envers les autres se fait au détriment de la loyauté envers nous-mêmes, alors elle n'est plus ni juste ni saine.

Car de fait, la vraie loyauté est celle que nous observons envers nous-mêmes, envers ce que nous sommes, nos propres valeurs, nos choix, notre intuition, nos sentiments, notre santé, notre vie elle-même. Souvent, plus les gens sont loyaux envers d'autres personnes, moins ils le sont envers eux-mêmes.

Alors ne serait-il pas temps de se réapproprier notre propre loyauté ? De la diriger vers nous ? De nous aimer assez pour enfin comprendre qu'il n'y a qu'à Soi d'abord que l'on doit être loyal ? Cela signifie se respecter en tout temps, ne rien faire qui ne soit préjudiciable envers soi, être bienveillants pour nous-mêmes, vivre en harmonie avec ce que nous sommes profondément, respecter nos limites et nous aimer inconditionnellement tels que nous sommes.

La plus importante loyauté, c'est celle envers nous-mêmes qui consiste à vivre en fonction de notre propre vérité intérieure. C'est notre loyauté envers la magnificence de la Vie qui nous insuffle ce profond sentiment de gratitude face à tout ce qui nous est offert, instant après instant, pour contribuer à notre évolution.

Que reste-t-il quand il ne reste plus rien ?

Quelle belle réflexion proposée par mon ami Pierre Leré Guillemet récemment !

En effet, que reste-t-il quand il ne reste plus rien ? Quand la Vie semble nous avoir tout enlevé : la relation amoureuse, le travail, la sécurité financière, la santé même peut-être ? Que nous reste-t-il ?

Eh bien, il nous reste l'Amour ! Il nous reste nous ! Il nous reste la Vie ! Il nous reste ce que nous avons de plus précieux ! Tant de nos drames ne sont en fait que des événements plus ou moins importants en regard de ce qui compte vraiment dans la Vie. Et tous ces drames sont dans notre vie pour nous enseigner l'Amour.

Nous avons toujours un cœur pour aimer, quel que soit l'état de notre santé, quel que soit notre statut social ou conjugal. Il nous reste toujours notre âme, notre vie spirituelle, que personne ne pourra jamais nous enlever. Il nous reste notre capacité de comprendre, d'aimer, d'évoluer, de grandir.

Nous avons tellement tendance à faire des drames avec si peu parfois... Quand nous perdons tout, nous réalisons que nous ne perdons rien. Car ce qui est vraiment nôtre, c'est l'Amour, la Vie, la spiritualité. Le reste ne nous appartient jamais, même si nous croyons, un temps, que cela est nôtre.

Alors à quoi bon s'en faire pour ce qui passera, de toute façon. Ce n'est qu'en étant branchés sur l'Amour que nous réalisons qu'au fond, il n'y a que cela qui compte.

Alors, que nous reste-t-il quand il ne reste plus rien ? Il nous reste tout !

Il nous reste l'Amour.

La vie passe trop vite

Trouvez-vous que la Vie passe trop vite ? Ou est-ce plutôt nous qui ne savons pas nous arrêter ?

Les années s'écoulent à toute vitesse. Nous avons parfois l'impression que l'âge vénérable nous attend au prochain tournant ! Pourtant, nous disposons tous du même nombre d'heures dans une année. Le temps ne peut pas passer plus vite pour moi que pour vous : c'est le même temps !

Mais si nous ne prenons pas le temps de nous arrêter, si nous nous valorisons à être tellement occupés, à porter tellement de chapeaux que nous n'arrivons plus à voir ce que nous aimons ou faire ce qui nous rend heureux, alors nous sommes probablement en déséquilibre dans notre vie… et en nous.

C'est quand la dernière fois que vous vous êtes assis devant un coucher de soleil pour l'observer jusqu'à la fin ? Que vous avez pris le temps d'écouter une chanson jusqu'au bout sans faire autre chose ? Que vous avez pris plaisir à savourer un café ou un thé avec votre amie sans vous sentir coupable, malgré les tonnes de choses à faire qui vous attendent toujours ? Que vous êtes allés prendre une marche en nature, sentir le parfum du bois, des fleurs, des feuilles ? Que vous avez contemplé la force incommensurable d'une chute d'eau ? Que vous avez observé le ballet des oiseaux, écouté leurs chants mélodieux, admiré leurs couleurs merveilleuses ?

Il y a quelque temps, à la fin d'un de mes textes sur ma page d'un réseau social, j'ai demandé à mes lecteurs quelles étaient ces petites choses qui les rendaient heureux. Quelques centaines de personnes ont alors partagé ce qui leur procurait de la joie. Cela m'a touchée en plein cœur et émue aux larmes car j'ai réalisé que j'étais en train d'oublier de prendre le temps de vivre, moi aussi. Et pour cela, que ces personnes reçoivent toute ma gratitude car depuis, j'ai retrouvé « le temps » de vivre et d'admirer ce qui m'entoure.

Non la Vie ne passe pas trop vite : elle est là, toujours en mouvement, toujours présente en nous, autour de nous. Et nous, en guise de réponse, nous laissons trop souvent nos petits egos nous faire croire que nous sommes bien trop occupés à gagner notre vie que nous n'avons plus le temps de la vivre. Nous « faisons » sans arrêt mais nous oublions d'être. Nous nous disons que plus tard nous aurons le temps. Mais peut-être ce temps ne viendra-t-il jamais… Arrêtons-nous pour VIVRE notre vie maintenant ! Pas après cet important dossier, pas une fois que les enfants seront à l'école ou partis de la maison, pas lorsque nous serons à la retraite. Maintenant.

Si nous ne nous arrêtons pas volontairement pour apprécier la Vie, peut-être que la Vie nous arrêtera à sa façon pour que nous allions à sa rencontre, à NOTRE rencontre.

Rien ne vaut la présence que nous accordons à notre vie, à la Vie. Aucune activité ne peut remplacer les moments vécus avec ceux que nous aimons, avec nous-mêmes, à apprécier la merveilleuse beauté de ce qui nous entoure, à accorder toute notre attention au moment présent.

Si vous aviez à choisir entre la santé et de longues heures de travail, que choisiriez-vous ? Alors pourquoi ne pas faire ce choix dès maintenant avant que la Vie ne vous oblige à prendre soin de votre santé et à délaisser contre votre gré vos longues heures de travail ? Plusieurs rêvent d'avoir du temps mais hésitent à travailler moins d'heures pour maintenir un train de vie qui, au lieu de les rendre heureux, les éloigne de plus en plus de leur vrai Moi. Combien vaudrait pour vous ces heures à vivre en paix, doucement, sans stress, sans course effrénée contre la montre ? Ces obligations que nous nous créons nous empêchent d'être heureux et pourtant nous continuons à faire encore plus de ce qui ne nous rend pas heureux, utilisant notre temps à le gaspiller plutôt qu'à le vivre.

Notre temps sur terre est compté mais nous agissons comme s'il était illimité. Commençons donc à faire en sorte que ce temps compte dès à présent, pour qu'enfin nous appréciions chaque moment de la Vie au summum de sa valeur.

Les regrets apparaissent quand on réalise que nous sommes passés à côté de notre vie à courir après des chimères créés par d'autres.

Le bonheur se construit dans chaque instant qui nous est accordé. Soyons présents à ce qui est, savourons le moment présent, libérons du temps pour apprendre à mieux vivre en étant reconnaissants de l'immensité de la Vie. La Vie nous place chaque jour là où nous devons être : soyons-y en toute conscience.

Tout est bon

Tout est bon dans la Vie, l'agréable et le désagréable ! En fait, tout est neutre, c'est nous qui y donnons la couleur et la saveur que nous voulons ou que nous pouvons.

On aimerait que ce qui nous rend heureux dure toujours et que ce qui nous rend malheureux nous évite le plus possible. Pourtant, nous ne pouvons pas vivre l'un sans vivre l'autre. Ce qui fait qu'on apprécie les bons moments vient souvent du fait que nous avons vécu des instants difficiles.

Pourtant, tout cela est neutre. Ce sont toujours les expériences que nous vivons qui nous aident à devenir plus conscients et plus aimants. Tout ce que nous vivons est toujours pour nous. Nous faisons toujours partie de l'expérience que nous vivons, en ce sens que cette expérience que nous vivons actuellement est la nôtre, pas celle de l'autre. L'autre a ses propres expériences à vivre : parfois nous partageons ce qui semble être les mêmes expériences, mais ce que l'autre a à apprendre n'est pas ce que nous avons à apprendre. Ainsi, nous comprenons que toute manipulation, toute menace, tout chantage sont vains, car nous ne pouvons pas influencer le besoin d'apprentissage de l'autre puisque nous ignorons de quoi l'autre a besoin pour devenir plus conscient. Et si parfois nous croyons savoir ce que l'autre a besoin, ne nous y trompons pas : c'est notre ego qui se croit supérieur et qui préfère regarder ce que l'autre doit apprendre plutôt que de voir ce que nous devons apprendre !

Tout est toujours pour nous. Les choses ne nous arrivent pas à nous mais bien pour nous. Bien que cela nous rebute au début, quand nous finissons par assimiler ce principe, nous transformons notre manière de réagir à ce qui nous arrive car nous comprenons que tout nous sert, le bon comme le moins bon. Nous avons à expérimenter toutes les émotions afin de devenir plus conscients et plus aimants.

Certes, il est bien plus agréable d'être heureux que d'avoir mal. Mais l'un comme l'autre passe, car la Vie est une succession de vagues différentes.

De quoi avons-nous besoin de nous dépouiller qui nous nuit dans cette situation ? Comment pouvons-nous mieux aimer dans cette situation ? Nous attirons à nous les expériences nécessaires pour apprendre à mieux aimer, c'est le but ultime de tout ce que nous vivons, agréable ou désagréable.

Tous, nous vivrons des moments difficiles que nous souhaiterions éviter et des moments heureux que nous souhaiterions voir se prolonger. Même les plus belles roses ont des épines ! Tous, nous avons à apprendre de chaque événement. Autant le faire dans l'ouverture du cœur. Les moments ne sont difficiles que si nous jugeons qu'ils le sont. Si nous restons dans l'ouverture du cœur et que nous accueillons que tout ce qui est là sert notre évolution, nous serons reconnaissants pour tout, absolument tout ce que nous vivons.

Soyons conscients que chaque expérience est un pas de plus vers plus d'Amour. Au final, nous comprendrons qu'il est moins souffrant d'apprendre à mieux aimer que de résister à ce qui nous déplaît.

Voies de contournement

À force de vouloir acquérir toujours davantage de connaissances, nous passons à côté de l'essentiel : nous sommes déjà complets tels que nous sommes.

Nous passons une partie de notre vie à vivre à l'extérieur de nous, à nous fier aux vérités des autres, à croire ce que les autres nous disent sur nous-mêmes, à tenter de vouloir nous améliorer pour être plus aimables et plus aimés.

Nous recherchons constamment la satisfaction là où elle ne se trouve pas : dans le monde extérieur. Nous avons l'impression d'évoluer, de devenir meilleurs, de nous améliorer. Nous aimons discuter de spiritualité, de croissance, de formations, de lectures inspirantes. Tant mieux si ces choses nous inspirent mais au mieux, elles ne font que réveiller ce que nous portons déjà en nous et au pire, elles nous ralentissent dans notre évolution car nous sommes plus occupés à acquérir des connaissances qu'à les mettre en pratique !

L'ego adore faire des détours pour démontrer son savoir et sa supériorité. Il aime emmagasiner des quantités incroyables d'informations, de connaissances, de mots et de concepts savants afin de pouvoir s'enorgueillir et se glorifier de posséder autant de connaissances, qu'il aura envie d'étaler à la moindre occasion pour se donner l'illusion de supériorité qu'il recherche tant. C'est un puits sans fonds, jamais satisfait, qui en veut toujours plus. Si nous lui cédons le volant de notre vie, il nous fera acquérir de nouvelles formations tout au long de notre vie, afin de nous éloigner du plus important par lequel il se sent menacé : nous-mêmes !

Notre âme, elle, n'a pas besoin de ça. Elle préfère la ligne directe et la simplicité aux élucubrations compliquées de notre mental. Elle préfère se fier à son intuition, ressentant profondément les choses et les gens, toujours en train de poser l'action juste, de dire la parole nécessaire ou d'offrir le silence réconfortant. Elle n'a pas besoin de connaissances : elle EST la connaissance. Elle n'a que faire de nos formations, si ce n'est parfois pour déplorer tout le temps et l'énergie que nous y mettons et que nous pourrions tellement mieux utiliser en apprenant à mieux aimer et à mieux vivre.

Car tout le temps que nous utilisons à acquérir de nouvelles connaissances pour mieux nous connaître nous prive du temps pour simplement être avec nous-mêmes. Notre ego se valorise avec le temps passé à faire plutôt qu'à être et nous prenons ainsi trop souvent des voies de contournement qui nous distraient de ce qui importe vraiment : être, vivre, aimer. Tous des synonymes par ailleurs.

C'est ici que l'expression « Vous êtes assez ! » prend tout son sens. Nous sommes assez tels que nous sommes. Cela ne signifie pas que nous stagnons, ni que nous n'évoluons pas, bien au contraire ! Cela signifie que nous évoluons avec la Vie en suivant son rythme, sans résistance, sans forcer. Nous n'avons pas besoin de toujours être en mode d'acquisition de nouvelles connaissances intellectuelles. Apprendre à vivre, à aimer, se donner le droit d'être ce que nous sommes, tout cela a tellement plus de signification au final. Car au dernier jour de notre vie, ce n'est pas de nos connaissances dont nous nous souviendrons, c'est de l'Amour que nous aurons reçu et donné et de la Vie que nous aurons vécue.

Désapprendre

Pour la plupart d'entre nous, nous passons notre vie à apprendre à lire, à compter, à apprendre des concepts, des idées, des matières académiques, une profession. Nous apprenons surtout à nous comporter et à agir selon les standards et les règles de la société à laquelle nous appartenons, de la famille dont nous sommes issus et du milieu dans lequel nous évoluons. Nous apprenons à être un bon enfant, un bon élève, un bon parent, un bon employé, un bon patron, un bon conjoint, un bon ami…. Nous apprenons tout cela et bien plus… mais nous n'apprenons pas à être nous-mêmes.

Et nous nous réveillons à 40, 50, 60, 70 ans pour réaliser que toute notre vie, nous avons appris pour répondre aux attentes des autres et de la société, mais nous avons oublié d'apprendre comment rester nous-mêmes. Nous avons enfilé comme des vêtements superposés tous ces rôles que l'on nous demandait de jouer au fil des années, tous ces attributs que nous avons jugés importants d'additionner à notre bagage de masques et de déguise-ments déjà bien trop lourd.

Nous cherchons même parfois, inconsciemment ou mûs par un faux besoin de sécurité, à préserver tous ces apprentissages tellement nous nous sommes identifiés à eux. Nous voulons rester dans ces rôles professionnels et personnels auxquels nous nous sommes assujettis toute notre vie alors que nous avons oublié de mettre la Vie, notre vie, au premier plan.

Mais cette époque semble en voie d'être révolue. Bien des humains, de plus en plus conscients, cherchent à se débarrasser de tout ce qui ne leur appartient pas. Nous cherchons de plus en plus à voyager léger, à nous délester de ces rôles qui nous ont fait oublier de vivre pleinement et de savourer chaque instant, trop occupés que nous étions à jouer le rôle de celui ou celle que nous ne sommes pas.

Nous avons soif d'être vrais, d'être authentiques, d'êtres nous-mêmes, de nous affirmer, de « nous dire » comme le dit si bien Jacques Salomé. Nous voulons désapprendre ces conditionnements qui nous étouffent et qui nous éloignent de notre propre lumière intérieure. Nous cherchons à éviter d'ajou-ter quelque bagage inutile que ce soit car nous avons bien souvent porté tellement de valises trop lourdes que nous nous y sommes épuisés à tenter de répondre à tout et à tous, en oubliant de nous demander ce que nous voulions vraiment, nous.

Faire le ménage dans sa vie, c'est faire de la place pour du plus beau, c'est sortir les cailloux pour que les plumes puissent s'y inviter, c'est revenir à soi et devenir sa propre référence plutôt que d'aller chercher nos valida-tions à l'extérieur.

Alors désapprenons les conditionnements qui ne nous servent plus, qui nous étouffent, qui nous ralentissent, qui nous alourdissent. Laissons tomber la lourdeur et l'entêtement et faisons confiance à la Vie, à nous, à ce qui vibre en nous. Revenons à nous, soyons à l'écoute de la Vie, laissons-nous et laissons-la nous guider vers ce qui nourrit vraiment notre âme, vers ce qui nous rend heureux, vers ce qui nous élève.

Pour pouvoir s'élever, il faut devenir plus léger... en étant simplement et totalement soi.

Transformer la honte et accueillir la vulnérabilité

Il nous arrive presque tous, un jour ou l'autre, d'éprouver ce terrible sentiment qu'est la honte. Honte d'avoir gaffé, d'avoir fait du mal, de s'être mis les pieds dans les plats, d'avoir eu l'air ridicule, de s'être trompé, d'avoir dit ou fait quelque chose que l'on regrette profondément, bref, de ne pas avoir été parfait !

Et cette honte que l'on ressent si profondément en nous peut parfois prendre tellement d'ampleur, si on la laisse faire, qu'elle peut nous briser en morceaux et affecter dramatiquement notre estime de soi.

Comme toute chose, cette expérience de honte nous est utile dans notre évolution. Elle sert un dessein beaucoup plus grand encore que ce qu'elle nous fait souffrir, pour peu que nous osions l'accueillir. Car reconnaître d'avoir honte pour ce que nous avons fait demande beaucoup de courage, et en assumer toutes les conséquences encore plus.

Et pourtant... la honte est une manifestation de notre ego, qui déteste perdre la face ou être jugé par ses pairs. Il exècre de ne pas être à la hauteur de la perfection qu'il s'imagine être. Moins notre estime de soi est forte à la base, plus les manifestations de la honte sont douloureuses. C'est pour cette raison qu'il est important de nous accueillir SANS JUGEMENT dans toute notre vulnérabilité quand la honte se pointe le nez, car toute la puissance de notre vulnérabilité réduit, du moins temporairement, l'importance et la place de notre ego, qui ne peut supporter sa lumière. Il ne sert à rien de fuir, il faut alors assumer et se tenir debout.

La honte éprouvée devient ainsi un révélateur de la force de notre ego. Plus la honte est prononcée et douloureuse, plus l'ego est fort et plus l'estime de soi est fragile.

Mais dès que nous voyons notre ego à l'œuvre, nous pouvons ainsi découvrir le grand cadeau qui se cache derrière le sentiment de honte. Nous pouvons alors transformer la honte en prise de conscience qu'il y a surtout une blessure à l'ego qui se joue ici. Nous avons aussi l'opportunité de nous excuser en toute humilité auprès de la personne blessée s'il y a lieu et surtout, il nous est donné l'immense possibilité de nous aimer mieux, de savoir que nous avons fait notre possible, qu'il ne sert à rien de nous taper dessus et que nous devons aussi faire la paix avec la situation puisqu'elle nous a été utile pour notre évolution.

Et si être fort était de se montrer vulnérable ?

Nous portons des masques pour cacher notre vulnérabilité. Nous endossons des rôles qui ne nous conviennent pas pour nous protéger, croyons-nous, de ceux qui voudraient nous faire du mal. Nous avons peur d'avoir honte de notre vulnérabilité, parce que cela risque d'être perçue comme une faiblesse, selon nos fausses croyances.

Pourtant, s'aimer véritablement, c'est s'accepter dans son entièreté, avec nos forces et nos faiblesses, qui, au final, ne sont peut-être pas des faiblesses mais des caractéristiques qui composent notre unicité. Nous avons tellement tendance à tout cataloguer en bien ou mal que nous occultons le pouvoir de notre vulnérabilité. C'est pourtant dans notre humilité, dans notre authenticité, dans notre vulnérabilité que nous attirons les meilleures personnes et qu'enfin nous pouvons être aimés pour ce que nous sommes vraiment et non pour les rôles que nous jouons ou les masques que nous portons.

Accepter notre vulnérabilité et oser se montrer tels que nous sommes, c'est s'accueillir avec bienveillance et douceur et cesser de se faire violence pour cacher l'être unique et magnifique que nous sommes.

Nous pouvons alors transformer le sentiment de honte en une formidable prise de conscience pour apprendre à mieux nous aimer ! Notre vulnérabilité, c'est sans doute notre plus belle qualité !

Dans la zone témoin

Une des meilleures manières de faire face à plusieurs de nos défis personnels est de s'observer et d'adopter pour ce faire la posture de témoin.

Ainsi, quand on arrive à se positionner dans la zone témoin et à s'observer en train de s'emporter au volant de sa voiture, par exemple, nous avons souvent envie d'éclater de rire de nous voir aussi puérils dans nos réactions. On peut dès lors aussi observer ce qui agit en nous qui nous octroie le droit de nous mettre en colère plutôt que de choisir la tolérance, la patience, le détachement. Ou encore de se rappeler qu'en toute chose il y a un cadeau et que l'automobiliste qui nous a peut-être mis en colère en roulant trop lentement devant nous nous préserve peut-être d'un accident ou d'une contravention.

Mais pour se positionner dans la zone témoin, encore faut-il le désirer et surtout, avoir envie de sortir de ces schèmes destructeurs, colériques ou enfantins. Nous avons tous des parties de nous qui n'ont pas beaucoup mûri depuis notre enfance ! En étant témoins de nos réactions parfois immatures, nous pouvons déceler que le danger que nous avions intégré étant petits n'est plus présent aujourd'hui et que nos réactions comme mécanismes de protection ne sont plus adaptées ni à la situation... ni à notre âge ! Ainsi, nous pouvons nous délester de ce qui ne nous ressemble plus ou qui nous empêche d'être bien.

Plus souvent nous arrivons à nous retrouver dans la zone témoin, plus nous y prenons plaisir. Car vu « d'en haut », bien des choses ne nous paraissent plus aussi graves, aussi importantes, aussi dramatiques. S'observer amène beaucoup de calme, parfois d'autodérision, de joie même et de sagesse. S'observer, s'accueillir et comprendre avec bienveillance nous permet de modifier ce qui ne nous correspond plus. Et quelle joie parfois de se voir en spectacle, de prendre conscience que ce rôle ne nous convient plus et de s'en débarrasser aussitôt !

La connexion à soi

Beaucoup connaissent des relations difficiles avec certaines personnes. D'autres semblent être en conflit avec le monde entier. Certains éprouvent des difficultés à entrer en relation avec les autres. D'autres ont besoin d'être constamment entourées d'autres personnes pour se sentir bien : seules, elles étouffent ou paniquent.

Il peut nous sembler incompréhensible parfois que nos relations varient autant d'une personne à l'autre. C'est facile d'aimer quelqu'un qui, à prime abord, semble nous ressembler en tous points. Nous trouvons plus ardu d'aimer ceux qui semblent toujours actionner nos boutons de colère ou d'irritation. Pourtant, chacun aussi est un miroir pour nous et contribue à nous rendre plus conscients de ce que nous sommes véritablement, à mieux nous connaître.

De fait, la qualité de la relation à l'autre dépend toujours de la qualité de la relation à soi. C'est le niveau d'amour qu'il y a dans notre connexion à nous-mêmes qui déterminera le niveau d'amour que nous mettrons dans notre connexion avec les autres.

Chaque fois que nous parlons d'estime de soi n'est jamais vaine. Tout passe d'abord par cette relation d'amour que nous entretenons envers nous-mêmes. Plus nous sommes authentiques avec nous, plus nous pouvons l'être avec les autres. Quand nous sommes capables de reconnaître nos faiblesses, nous pouvons les accueillir pour les transcender et ainsi comprendre que l'autre aussi a ses zones de faiblesses et l'accueillir dans celles-ci.

Chaque fois que nous prenons du temps pour nous retrouver, pour nous reconnecter à nous, nous ressentons un immense élan d'amour envers les autres, encore plus grand et plus désintéressé, donc moins souffrant que dans la dépendance affective. Quand nous sommes à l'écoute de nos besoins, que nous respectons nos limites, alors nous pouvons respecter l'autre dans ses besoins et ses limites. Chaque fois que nous sommes bienveillants envers nous-mêmes, c'est toute la bienveillance du monde qui s'en trouve alimentée.

Chaque fois que nous nous accueillons, nous pouvons mieux accueillir l'autre. Ce n'est pas sorcier, c'est simple ; pas toujours facile, mais simple ! Tout commence d'abord par soi, pour aller vers les autres ensuite.

Influence mutuelle

Quelle que soit notre vie, quels que soient nos choix, tout ce que nous pensons, disons, faisons, émettons touche tous ceux qui nous entourent et laisse une empreinte durable non seulement sur notre entourage mais bien au-delà.

Tout comme chaque goutte d'eau qui tombe dans l'océan crée des ondes qui se répercutent les unes sur les autres à l'infini, nos pensées, nos actions et nos paroles ont une influence certaine sur notre monde, celui tout près comme nos proches et celui plus loin au-delà de nos frontières. Nous avons tous un impact sur la qualité et le degré d'Amour de notre monde.

Tous, nous nous influençons mutuellement, selon ce que nous émettons. Lorsque nous comprenons que ce que nous sommes a des répercussions constantes sur les autres, nous prenons conscience de l'immense responsabilité qui nous incombe à chacun d'exercer notre influence de la manière la plus aimante possible.

Même nos pensées se répercutent à travers le temps et l'espace. Pourtant, nous oublions que nos gestes peuvent avoir une portée aussi significative pour l'humanité. Si nous sommes en colère, négatifs, déprimés, violents, agressifs, sournois ou de mauvaise foi, nous émettons ces vibrations partout autour de nous, nous étonnant alors d'être entourés de personnes qui partagent les mêmes affinités. Nous attirons ce que nous sommes et ce que nous dégageons, il est donc normal d'être entourés de personnes qui nous ressemblent sur plusieurs points. Nous attirons toujours ce qui vibre au même niveau de vibrations que nous.

Mais si nous pensons, parlons et agissons avec Amour, compassion, gratitude, ouverture, tolérance, accueil, joie, bonté, authenticité et simplicité, alors c'est ce que nous émettrons comme ondes dans ce monde, attirant ainsi à nous des êtres de plus en plus lumineux et bons.

Rien n'est anodin dans nos pensées, nos gestes et nos paroles. Plus nous porterons l'Amour, plus nous serons portés par l'Amour. C'est ainsi que la Vie fonctionne : plus nous émettons de l'Amour, plus notre monde sera rempli d'Amour et plus nous recevrons de l'Amour sans fin, comme les gouttes d'eau dans l'océan.

Toute la sagesse qu'un individu crée pour lui-même sur la terre est à la disposition de tous dans toutes les dimensions. Nous sommes responsables de tout ce que nous faisons disons et pensons et cette responsabilité devient plus importante encore quand nous comprenons que chaque action, chaque mot et chaque pensée influencent autrui.

Victime ?

Peu importe ce que nous souhaitons ou demandons ou prions, l'Univers ne nous répond pas en fonction de nos demandes mais plutôt en fonction de ce que nous sommes, selon les vibrations que nous émettons.

Lorsque nous nous croyons victimes de quelqu'un ou d'une situation, nous vibrons à de très basses fréquences. Se sentir victime de quoi que ce soit est l'une des plus fortes fausses croyances ancrées en nous. Elle est celle qui nous prive de notre pouvoir et nous maintient dans un état où nous avons l'impression que l'autre, ou la situation, est plus fort que nous, comme si nous y étions inférieurs.

Pire, l'impression d'être victimes se reproduit continuellement. Lorsque nous nous croyons victimes, nous attirons énergétiquement à nous des expériences qui viendront confirmer notre fausse croyance de victime. C'est ainsi que nous répétons des schémas connus mais destructeurs qui renforcent notre sentiment de victime. Plus nous nous enfonçons dans ces scénarios dévastateurs, plus nous nous croyons victimes. Un cercle vicieux qui nous détruit petit à petit et qui semble nous laisser sans pouvoir sur notre vie se joue ainsi à répétition.

Nous pouvons briser ce cycle en commençant par cesser de juger et de blâmer : les autres, le monde, les événements, soi-même. Car chaque fois que nous jugeons ou blâmons, nous nous plaçons au même niveau vibratoire que celui de victime. Chaque jugement, chaque reproche à autrui, chaque plainte nous placent immédiatement dans une position de victime. Chaque fois ! Le simple fait de nous en rappeler nous aidera sûrement à moins juger, blâmer et nous plaindre !

Ainsi, nous aurons moins envie de juger, de blâmer et de nous plaindre lorsque nous accepterons l'entière responsabilité de ce que nous vivons. Même si cela nous apparaît parfois négatif, nous savons au plus profond de nous que tout sert notre évolution. Assumer l'entièreté de notre propre vie permet une expansion phénoménale de notre conscience et ouvre toute grande notre capacité à reprendre notre pouvoir, à aimer sans jugement, et à faire les choix justes pour notre évolution.

Quand nous devenons conscients de notre propre pouvoir de création, nous nous libérons de toutes ces années de victimite qui nous ont englués dans une position de faiblesse qui ne respectait pas ce que nous sommes profondément. Quand nous réalisons que nous sommes cocréateurs de notre vie et que nous avons bien plus de pouvoir que ce que nous croyons, alors nous sortons enfin de notre position de victimes et nous élevons nos vibrations, tout en contribuant à élever les vibrations de ceux qui nous entourent. Nous sommes tellement plus puissants que ce que nous croyons !

Les jugements

Nous parlions de victime et de jugement précédemment. Nous disions que chaque fois que nous jugeons, nous nous positionnons en victime.

Mais comment se débarrasser de ce jugement des autres et des situations ? Les nouvelles, les comportements des autres, nos voisins même semblent parfois agir de manière à ce que ce soit si facile de les juger !

Le jugement que nous portons sur autrui peut pourtant être un extraordinaire outil de croissance personnelle, pour peu que nous mettions notre ego et notre orgueil de côté et que nous manifestions la volonté sincère de nous en départir et surtout d'évoluer.

Faites la liste des gens que vous jugez et de ce que vous jugez chez chacune de ces personnes. Puis demandez-vous quelle est la caractéristique opposée à celle que vous jugez. Il s'agit fort probablement de la qualité ou de la caractéristique que votre âme aspire à développer.

Puisque tous nos jugements sur autrui sont des jugements déguisés sur nous-mêmes, si nous ne portions pas en nous cette caractéristique même que nous jugeons chez autrui, nous ne pourrions pas la juger car nous ne la verrions pas.

Ainsi, en identifiant son contraire, nous pouvons identifier ce que nous avons à travailler. De cette manière, le miroir que nous renvoient constamment les autres devient l'un de nos principaux outils de développement personnel. Nous avons à travailler principalement l'opposé de ce que nous jugeons.

Si nous trouvons que notre enfant est paresseux, le contraire étant la vaillance, nous avons probablement à développer davantage ce trait chez nous. Si nous trouvons que notre amie blâme toujours les autres pour tout et pour rien, le contraire est d'accueillir les autres comme ils sont, alors c'est le trait que nous avons à développer pour nous-mêmes. Si nous trouvons notre sœur trop rigide, le contraire étant la souplesse, alors c'est précisément le trait que nous avons à développer pour être plus complets, plus heureux.

Les autres sont toujours nos miroirs : parfois en reflétant exactement nos traits, parfois le contraire, mais toujours en nous montrant ce que nous avons à travailler. N'est-ce pas merveilleux ? TOUT, absolument tout sert notre évolution.

Quelle valeur vous accordez-vous ?

Quelle valeur vous accordez-vous ? Avez-vous besoin que les autres reconnaissent votre valeur ? Peut-être même laissez-vous les autres définir votre propre valeur ?

Depuis que nous sommes tous petits, la plupart d'entre nous avons laissé les autres définir notre valeur. Nos parents reconnaissaient sans doute notre valeur lors que nous agissions selon leurs attentes, lorsque nous réussissions à l'école, dans les sports ou les arts selon leurs objectifs. Très tôt, nous avons appris que pour avoir de la valeur aux yeux des autres, et par ricochet à nos propres yeux, nous devions bien faire, réussir, être les meilleurs.

Ainsi sont nés notre perfectionnisme, notre anxiété de performance, notre manque de confiance en nous. Car pour avoir de la valeur, nous devions être parfaits, être le numéro un, nous distinguer avec mention et alors, mais seulement alors, méritions-nous d'avoir un peu confiance en nous et de voir notre valeur reconnue par les autres.

Aujourd'hui adultes, nous continuons de lutter jour après jour pour être parfaits, être les meilleurs et faire croire que nous avons confiance en nous. Et nous nous épuisons jusqu'au burnout, à la dépression ou même à la maladie. Peut-être même nous auto sabotons-nous lorsque nous pressentons d'avance que nous ne serons pas parfaits ou les meilleurs dans un défi donné. Ainsi sont nés de multiples sensations d'échecs avant même d'avoir essayé, trop convaincus que nous ne serions pas à la hauteur. Mais à la hauteur de qui ? Et par rapport à quoi ?

Et qu'est-ce que c'est que cette notion de valeur pour définir un être humain ? La valeur de la devise de notre pays est déterminée par rapport à celle que les autorités financières accordent aux devises étrangères. L'étalon dans plusieurs systèmes scientifiques ou techniques est la marque de base à partir de laquelle nous évaluons la valeur de tous les autres objets dans ce domaine. La valeur d'une chose est toujours déterminée en comparaison avec une autre chose.

Mais comment pouvons-nous comparer la valeur d'un humain ? Par rapport à celle d'un autre être humain ? Mais en vertu de quoi ? Et qui juge de la valeur étalon ? Et qui détermine qu'un être humain a telle valeur dans un pays et telle autre dans un autre pays ?

Le concept même d'avoir de la valeur est un concept dégradant, pernicieux et complètement inutile si ce n'est que pour nous maintenir en compétition les uns contre les autres, ce qui va à l'encontre même de l'Amour. Et de l'estime de soi.

Aucun être humain n'a plus ni moins de valeur qu'un autre. Il appartient à notre ère de briser ces chaînes qui nous maintiennent dans un concept de valeur par comparaison à un autre être humain, ces chaînes qui nous rendent malheureux, qui nous étouffent, qui nous font souffrir, qui nous rendent malades. C'est à cause de ce concept erroné que nous avons l'impression de ne jamais être assez, de ne jamais faire assez. Car cette fichue valeur est établie sur ce que nous faisons, sans arrêt, plutôt que sur ce que nous sommes. Elle nous maintient inexorablement dans le faire plutôt que de nous permettre de vivre dans l'être.

Libérons-nous définitivement de ce concept d'avoir de la valeur ou pas. Tout être humain est digne de vivre dans le grand livre de la Vie. Nous avons tous notre place ici. La Vie ne nous juge pas : elle nous aime inconditionnellement. La valeur de votre vie n'a ni plus ni moins de valeur que celle d'une autre personne. Ce concept de valeur appliquée à l'humain est une aberration dont il nous faut nous libérer.

Nous sommes tous égaux. Nous sommes des êtres d'Amour qui avons tous à apprendre à aimer davantage. Cela ne détermine pas notre valeur. Cela nous indique de continuer à aimer mieux et davantage.

Dépendance affective ou indépendance émotionnelle

Plusieurs d'entre nous avons été élevés dans une famille où le bien-être des autres passait avant le nôtre. Où, pour être aimés, il fallait répondre aux attentes des autres. Ces conditions ont favorisé notre dépendance affective à l'âge adulte. Ainsi, nous attendons souvent que les autres reconnaissent ou nous attribuent « notre valeur » (voir mon texte précédent), que les autres comblent nos besoins et nous aiment plus que nous nous aimons.

Cela crée des relations affectives immatures, où l'insécurité prime, où les attentes prédominent, ce qui entraîne la plupart du temps déceptions, reproches et blâmes. Si vous cherchez à vouloir tout savoir de ce que fait, pense, dit, voit et décide l'autre, vous êtes dans une relation de dépendance affective. Si, au moindre délai de réponse à l'un de vos messages à l'autre, vous êtes en mode inquiétude, panique, scénarios catastrophes ou colère et irritation, vous êtes dans la dépendance affective. Si de surcroît vous êtes jaloux, possessif, contrôlant, boudeur ou manipulateur, alors vous êtes dans une relation dépendante affectivement. Et probablement que vous souffrez. Beaucoup.

Personne n'est à blâmer si c'est ce que vous vivez. Surtout pas vous. Car la dépendance affective vient d'une faible estime de soi, laquelle entraîne ... de la dépendance affective. L'autre a plus de valeur à vos yeux que vous-mêmes. Son opinion est plus importante que la vôtre. Et c'est terriblement souffrant.

Mais vous pouvez passer de la dépendance affective à l'indépendance émotionnelle. À partir du moment où vous devenez pour vous-même la principale source de votre bien-être, vous pouvez dès lors commencer à vivre en fonction de ce que vous êtes, de vos valeurs, de vos besoins surtout, de vos goûts, de vos désirs et de vos propres attentes.

Si vous ne savez pas comment y arriver, vous n'avez qu'à demander ! Votre âme n'attend que votre signal pour vous faire vivre toutes sortes de situations et de circonstances qui vous motiveront fortement à devenir enfin indépendants et à vous reconnaître comme étant la principale source de votre bonheur.

Bien entendu, l'apprentissage ne se fait pas toujours dans la facilité, mais rester dans la dépendance non plus n'est pas chose facile ! Bien sûr, vous aurez probablement à affronter des abandons, des rejets, des jugements de la part des autres mais vous comprendrez que la dépendance affective se guérit en la vivant à outrecuidance pour devenir enfin décidés à s'en débarrasser pour de bon.

Et puisque votre cœur sera ouvert à l'apprentissage, vous saurez que vous êtes en train d'apprendre une leçon fondamentale pour votre bonheur. Probablement même l'apprentissage le plus important de toute votre vie : car il n'y a que vous qui savez le mieux comment répondre à vos besoins, savoir ce qui est bon pour vous et ce qui ne l'est pas, comment établir et respecter vos limites, comment apprendre à mieux vous aimer et à enfin, ENFIN, vous sentir libre et détaché du regard et de l'approbation des autres.

C'est l'ultime test. Celui après lequel les autres semblent plus simples ou moins douloureux car dès lors que nous devenons la source à laquelle nous nous abreuvons, nous devenons immensément plus forts pour faire face à tous les autres défis qui nous attendent.

Car nous savons alors, hors de tout doute, que nous possédons toutes les forces intérieures qu'il faut pour vivre notre Vie tout en sachant profondément, intimement, que nous pourrons toujours compter sur la personne la plus importante de notre vie : nous-mêmes.

La vie nous enseigne constamment

Chaque moment de notre existence, la Vie nous enseigne constamment. Depuis notre premier souffle jusqu'à notre dernière expiration sur terre, la Vie nous offre à chaque instant le cadeau de la conscience afin que nous apprenions à mieux nous connaître, à mieux aimer et à danser avec elle.

Cette enseignante dévouée, présente, aimante nous suit pas à pas dans chacun de nos apprentissages. Si nous devons apprendre la patience, elle mettra sur notre chemin quantités de situations où nous serons irrités, où nous devrons attendre, où tout ne fonctionnera pas comme nous le voulons. Elle nous fera rencontrer des gens plus lents que nous afin que nous développions notre patience mais aussi des gens plus impatients que nous, afin que nous ouvrions les yeux sur les ravages que l'impatience peut causer dans notre vie, nous donnant ainsi le désir encore plus fort de devenir plus patients. Nous sommes tous partenaires de liberté !

Si nous devons apprendre le lâcher prise, alors là, la Vie s'en donnera à cœur joie à faire en sorte que nous soyons confrontés à ce choix dans nos activités quotidiennes ! Les choses ne se dérouleront pas comme nous l'avions prévu, les résultats ne seront pas ceux que nous attendions et les gens ne feront pas ce que nous leur avons demandé ! Tout un défi ! Car notre enseignante sait que plus que tout, c'est le lâcher prise qui nous sera le plus utile pour apprendre à danser avec elle. Et si nous n'apprenons pas la leçon par nous-mêmes, nous serons confrontés tôt ou tard au fait que le lâcher prise sera le seul choix qu'il nous reste.

Si nous devons apprendre à être authentiques, elle nous placera dans des situations où notre intégrité, parfois même physique, dépendra de notre capacité d'être authentiques. Si c'est le courage qu'il nous faut développer, elle nous permettra de faire face à chacune de nos peurs, les unes après les autres, jusqu'à ce que nous nous tenions debout avec courage. Il en va ainsi de tout ce que nous avons à laisser émerger comme qualités du cœur pour vivre une Vie heureuse.

Évidemment ces apprentissages ne se font pas toujours facilement car parfois, nous sommes des élèves bien paresseux, avec des mauvais plis dont nous ne voulons pas toujours nous défaire, particulièrement si nos travers sont alimentés par notre ego qui déteste avoir tort ou être pris en défaut. Les cours ne sont pas toujours agréables, surtout si nous résistons à l'apprentissage. Parfois il faut redoubler pour y arriver ! Mais la Vie ne nous lâche pas tant que nous ne réussissons pas. Et c'est à nous de trouver tous ces enseignements dans notre quotidien.

Chaque apprentissage donne lieu à un diplôme. Et bien qu'il ne soit pas fait de papier, il a encore plus de valeur que tous ces autres diplômes que nous pouvons obtenir dans une vie. Car chaque apprentissage nous rend plus libres, plus heureux, plus sages, plus en harmonie avec nous-mêmes, avec les autres et avec cette merveilleuse enseignante qu'est la Vie.

Boucler la boucle

Avez-vous des lacets détachés qui traînent dans votre vie ? Vous savez, ceux du genre qu'à cause d'eux, vous trébuchez tout le temps et vous n'avancez pas aussi vite que vous aimeriez ?

Lors de vos derniers jours, y a-t-il des relations ou des situations pour lesquelles vous vous direz : « J'aurais donc dû ! » J'aurais dû reparler à cette personne, j'aurais dû pardonner à cette autre personne, j'aurais dû demander pardon ? Y aura-t-il des relations qui seront restées détachées, non complétées ou non guéries et avec lesquelles vous repartirez comme un poids alourdissant votre âme pour son périple du retour à la maison ? Ces lacets détachés, tôt ou tard, dans cette vie-ci ou dans une prochaine vie, nous aurons à les ramasser et à boucler la boucle, à guérir ce qui a besoin d'être soigné. Autant le faire tout de suite pour pouvoir voyager léger !

Il y a quelque temps, la Vie m'a permis de boucler la boucle avec au moins deux personnes dans ma vie. Un ex associé qui, croyais-je à l'époque, m'avait trahie à la dernière minute. Avec le temps, j'ai compris que son rôle dans ma vie, en m'excluant de notre association sans avis, était de me permettre de me réaligner avec ma véritable mission de vie, celle d'écrire et d'aider. Évidemment, il ne savait pas quel rôle il avait joué dans ma vie. Je l'ai croisé récemment, « par hasard ! » après quelques années sans se voir, et j'ai enfin pu le remercier de m'avoir permis de m'aligner avec ce que je porte en moi en rompant notre association. Ce qui semblait une trahison de sa part, je vois maintenant que c'était une bénédiction, une vraie ! Cette rencontre m'a permis de faire la paix, de le remercier sincèrement et d'avoir une immense gratitude envers lui et envers la Vie qui toujours, prend soin de nous, parfois de bien curieuses façons. J'ai bouclé cette boucle !

Plus récemment, une amitié précieuse datant de nos premières années de vie mais malheureusement en silence depuis de trop longues années est réapparue dans ma vie. Cette amie que j'aimais tant et que je souhaitais revoir est revenue vers moi, vers nous, le cœur ouvert pour ramasser nos lacets qui traînaient. Toutes deux émues, nous nous sommes retrouvées le cœur plein d'amour, de respect, de grande joie. Rien à reprocher ni rien à pardonner, juste des lacets à attacher pour faire une belle boucle en forme de cœur, en gage de notre amitié au final indéfectible. Un pur moment de bonheur qui nous a permis de constater que le temps n'a en rien altéré l'affection que nous nous portons. Nous nous sommes quittées avec le sourire aux lèvres et dans notre cœur, reconnaissantes de la joie anticipée de nous revoir bientôt. Je suis remplie de gratitude envers elle et envers la Vie pour ce cadeau inestimable.

Je porte maintenant ces personnes dans le coin guéri de mon cœur, parce que lorsque la Vie nous offre la paix, il faut l'accueillir à bras ouverts.

Et vous, avez-vous des lacets détachés dans votre vie ? En voulez-vous encore à certaines personnes ? Avez-vous peur de faire les premiers pas ? Avez-vous laissé un malentendu briser une belle amitié ? Est-ce que l'orgueil, celui de l'autre ou le vôtre, a pris le dessus sur une de vos relations ? N'est-il pas temps de faire la paix ?

Car en faisant la paix avec d'autres personnes, la paix s'installe alors en nous, profondément, et fait cesser le tumulte intérieur qui nous habite trop souvent. La paix du cœur n'a pas de prix.

Ne laissez pas de lacets détachés dans votre vie ! Allez boucler la boucle !

Faites-vous ce cadeau. Aujourd'hui, tendez une perche à une personne dont vous vous êtes éloignés et allez boucler la boucle ensemble. C'est de loin, l'un des plus beaux cadeaux que vous puissiez vous offrir. Et si d'aventure, vous n'osez pas faire les premiers pas, demandez à la Vie de remettre cette personne sur votre chemin, gardez le cœur ouvert et soyez prêts à accueillir un miracle !

Pour que la vie soit bonne…

Pour que votre Vie soit bonne, vous devez être bons pour vous !

Il n'y a pas que les autres qui soient notre miroir : notre Vie aussi ! La Vie nous traite comme nous nous traitons. Lorsque nous sommes durs avec nous-mêmes, exigeants, perfectionnistes, ou même souvent bourreaux, il n'y a pas de place pour laisser entrer la douceur de la Vie. Alors celle-ci utilisera notre langage et nos manières pour nous parler. Si nous sommes notre pire bourreau de travail, la Vie ne nous laissera pas prendre de congés, car ce que nous ne nous permettons pas, la Vie ne nous l'accordera pas.

Si nous ne sommes pas à l'écoute des messages de notre corps, si nous outrepassons constamment nos limites, si nous faisons toujours passer les besoins de tout le monde avant les nôtres, alors c'est ce que la Vie nous reflétera. Elle nous enverra des symptômes physiques de plus en plus forts, et dès que nous voudrons nous reposer, nous serons constamment sollicités car nous préférons dire oui aux autres et non à nous.

Si toutes nos énergies tournent autour de l'argent, alors tous nos problèmes tourneront autour de l'argent. Si nos pensées ne parlent que de maladie, alors nous serons exaucés dans notre quotidien en vivant malaises et maladies.

C'est donc un changement de croyances, un acte de foi qu'il nous faut opérer. Nous devons nous remettre au centre de notre vie pour pouvoir enfin découvrir qui nous sommes, ressentir comment nous allons, apprendre à identifier et écouter nos besoins et y répondre, apprendre à prendre soin de nous.

Plus nous prenons soin de nous, plus la Vie prend soin de nous. Plus nous mettons de la douceur dans notre vie, plus la Vie sera douce avec nous. Tout cela doit venir du cœur et de l'âme et non de la tête et du mental. Si nous nous accordons du temps de qualité, il sera fait en sorte que ces moments de douceur soient de plus en plus fréquents.

Quand nous nous faisons de la place pour nous, tout se place autour de nous et en nous.

Et c'est quand nous prenons soin de nous, vraiment, avec amour et douceur, avec bienveillance, que nos rêves se réalisent, que les bonnes personnes se présentent, que les problèmes se règlent et que la Vie est vraiment bonne !

Mais pour vivre cela, il nous faut vraiment ralentir. Car notre rythme de vie actuel ne nous permet pas de nous connecter à nous-mêmes. Nous devons faire des choix différents, laisser tomber certaines choses moins importantes - car tout ne peut pas être important ! – et trouver ce qui compte vraiment pour nous. Pas pour notre image, notre standing ou notre réussite. Pour notre âme.

Quand nous nous jugeons

Peu importe ce qu'on juge ou qui on juge, la seule personne que nous jugeons réellement, c'est nous.

Nous nous jugeons à partir de la fausse croyance que nous ne sommes pas parfaits. Nos certitudes, surtout celles que nous avons sur nous-mêmes, constituent le plus grand blocage à notre évolution personnelle. Toute position rigide, cristallisée de nous est une limite que nous érigeons contre nous-mêmes et contre les autres.

Quand nous sommes fermés aux opinions des autres, à leurs commentaires, à leur offre de soutien et d'aide, quand nous sommes persuadés d'avoir raison et que nous ne voulons rien entendre des suggestions des autres, convaincus que nous sommes dans l'exactitude inébranlable, nous ne laissons aucune place à la Vie de venir souffler sous nos ailes pour nous permettre d'avancer en légèreté. Dans cette attitude, nous nous posons en vérité absolue, sans possibilité d'ouverture aux autres, ni même à soi !

Pourtant, dès que nous nous mettons à avoir un peu plus d'amour pour nous-mêmes, à nous permettre un peu plus de souplesse dans nos pensées, à créer une petite brèche pour laisser entrer la lumière en nous, alors nous recommençons à cheminer dans la douceur plutôt que dans la douleur.

Nous sommes souvent notre pire bourreau. Cette rigidité que nous nous imposons, nous l'imposons aux autres aussi. Sans doute un mécanisme de protection exacerbé, cette clôture de fils barbelés nous fait souffrir autant qu'elle fait souffrir ceux qui nous aiment et qui tentent de nous toucher, de nous rejoindre là où nous nous sommes terrés.

Quand nous nous ouvrons à plus d'Amour pour nous-mêmes, nous créons des ponts vers les autres, permettant aussi aux autres de mieux nous aimer, de s'approcher de nous, de toucher notre cœur, de nous aider, de nous accompagner sur notre route. Chaque ouverture du cœur que nous nous permettons produit un impact qui s'étend bien au-delà de notre environnement immédiat. Tout ce que chacun de nous fait produit une réaction en chaîne. Quand nous nous aimons d'avantage, nous nous jugeons moins, nous jugeons moins les autres, nous aimons mieux ceux qui nous entourent qui, à leur tour, peuvent nous aimer plus librement et aimer mieux leur propre entourage, créant ainsi un mouvement sans fin d'ouverture des cœurs et de semeurs d'amour.

Notre propre transformation peut transformer les autres, si eux aussi ouvrent leur cœur à plus d'Amour dans leur vie. Chaque fois que l'un d'entre nous guérit un aspect de soi, c'est toute l'humanité qui en retire les bénéfices.

Les relations abusives

Nous connaissons tous au moins une personne qui se trouve dans une relation abusive. Peut-être même faites-vous partie de ces personnes qui subissent la violence physique, psychologique ou verbale dans leur quotidien.

On connaît les impacts de la violence physique dans une relation. Mais on a tendance à sous-estimer les conséquences désastreuses de la violence psychologique et verbale. Savez-vous que pour chaque personne abusée physiquement, 5 personnes le sont psychologiquement ou verbalement ?

Les ravages d'une relation abusive verbalement ou psychologiquement sont dévastateurs et ne se voient pas à l'œil nu. Mais pour peu que l'on comprenne comment fonctionne l'énergie, nous savons que les mots sont de l'énergie : tout abus verbal pénètre dans nos centres d'énergie physique et y ont un impact physique presqu'aussi puissant que les coups. Tous les mots reçus avec violence ont un impact physique sur le long terme et affectent chaque fois notre santé là où nos systèmes physiques sont les plus faibles.

Quand nous avons une faible opinion de nous-mêmes et une faible estime de soi, quand nous ne sommes pas conscients de la merveilleuse âme que nous sommes, nous devenons une proie facile pour ceux qui abusent et qui contrôlent. Nous croyons que nous ne méritons pas de prendre soin de nous en priorité alors nous tentons de prendre soin des autres. Nous sommes remplis d'amour et de compassion pour les autres, mais très peu pour nous-mêmes. Ce qui ouvre parfois la porte à des relations abusives.

Paradoxalement, nous attirons des personnes dont les blessures émotionnelles vibrent au même niveau que les nôtres, pour que nos expériences communes nous aident mutuellement à guérir. Aussi incohérent cela puisse-t-il paraître. Nous croyons qu'avec tout notre Amour, notre patience, notre compréhension, notre compassion nous réussirons à faire sentir à l'autre qu'il est aimé pour de vrai mais nous nous perdons dans nos efforts pour sauver l'autre. C'est le contraire que nous devons appliquer : avoir de l'Amour, de la patience, de la compréhension, de la compassion pour SOI et tout faire pour nous aimer vraiment. L'autre devra découvrir par lui-même ce qu'il a à faire pour apprendre à s'aimer. Ce n'est pas notre rôle, c'est le sien.

Pour nous en sortir, et pour en guérir, nous devons donc apprendre à nous aimer et à devenir conscients de notre propre perfection. Si nous pansons nos blessures initiales, si nous prenons soin de nous, si nous apprenons à nous aimer et à nous respecter, nous serons conscients de ce que nous sommes et ce genre de relation n'aura plus sa place dans notre vie.

Si nous sommes actuellement dans une telle relation, reconnaissons d'abord le courage que nous avons d'avoir fait face à cette situation depuis trop longtemps. Reconnaissons que si nous portons ce courage, nous avons aussi la force de nous en sortir et de guérir des impacts négatifs de cette relation. Reconnaissons aussi que malgré toute la douleur vécue dans cette situation, elle aura été l'élément déclencheur pour enfin nous apprendre à nous aimer vraiment, à nous tenir debout, à nous respecter, à prendre soin de nous en priorité. Nous avons peut-être dû nous rendre jusque-là pour apprendre cette leçon, alors retenons-la pour toujours. Tout nous sert.

Et surtout, rappelons-nous que nous ne pouvons pas attirer ce qui ne vibre pas au même niveau que nous. Il y a donc une partie de nous qui a besoin de cet autre pour se guérir. Si nous n'en avions pas besoin, nous ne serions pas en train de vivre cette situation. L'autre est toujours là pour nous révéler à nous-mêmes. Pas pour que nous endurions, mais pour que nous voyons ce qui, en nous, a tant besoin d'être vu, d'être aimé en ce moment. Même dans cette situation, l'autre est un partenaire de liberté. Il vient mettre en lumière, de façon drastique parfois, cette zone en nous qui a tant besoin de notre attention. Une fois que nous aurons vu et pris soin ce qui est mis en lumière en nous, cette situation ne sera plus nécessaire car elle aura rempli son rôle : celui de nous éveiller à l'Amour que nous sommes.

La guérison s'appelle la Liberté !

Transformez vos malédictions en bénédictions !

Nous avons tous notre lot de problèmes, même si nous avons souvent l'impression que les nôtres sont plus graves ou plus gros que ceux des autres. Parfois nous ne voyons pas de solutions pour arranger les choses, parfois nous tombons dans le découragement, momentanément, ou pour longtemps.

Nous, les humains, nous avons la tête dure ! Nous ne voyons pas, ou nous n'acceptons pas encore que tout ce que nous vivons sert notre évolution. TOUT ce que nous vivons est là pour nous éveiller à plus de conscience, plus d'Amour. Que ce soit de petits ou de grands problèmes, ceux-ci servent aussi notre évolution.

Chaque difficulté est comme une huître : elle renferme une magnifique perle à l'intérieur, bien protégée par la coquille. Mais pour y avoir accès, nous devons ouvrir l'huître, ouvrir notre esprit et notre cœur et chercher au fond de nous la perle unique qui s'y trouve.

Si nous faisons le bilan de nos difficultés antérieures, et si nous avons l'esprit ouvert, nous constaterons que tout nous a été utile : cet emploi que nous n'aimions pas mais qui nous a permis de rencontrer une personne exceptionnelle ; cette maladie qui nous a obligés à un temps d'arrêt pendant lequel nous avons revu nos priorités et appris à prendre soin de nous ; cet accident qui aurait bien pu nous être fatal mais qui nous a enseigné la prudence et le ralentissement ; ce divorce qui nous a tant fait pleuré mais qui, au final, nous aura permis de devenir enfin nous-mêmes et peut-être d'être libérés de ce qui était devenu trop lourd à porter ; cette trahison inexplicable et tellement douloureuse mais qui nous a permis de nous réaligner sur notre véritable mission de vie... et tant d'autres malédictions qui se sont avérées des bénédictions, au final.

Je vous entends me dire « ce n'est pas toujours aussi simple ! ». Je ne dis pas que c'est simple : vos difficultés sont bien réelles, mais vous avez le pouvoir de les transformer en un cadeau bienveillant pour vous, pour peu que vous le vouliez vraiment. Cherchez là, cette perle, VOTRE perle, au fond de vous, au bout de cette difficulté : elle est là, votre bénédiction.

Quand vous l'aurez trouvée, vous aussi aurez envie de dire Merci pour ce merveilleux problème qui vous aura offert un si beau cadeau !

Le déni de soi

Avez-vous remarqué que la plupart d'entre nous pratiquons le déni de soi une bonne partie de notre vie sans même en être conscients ?

Dès notre plus jeune enfance, on nous apprend les règles de politesse, de bienséance, de société. On nous forme à nous conformer ! On nous enseigne à nier nos émotions, nos goûts, nos penchants naturels, nos besoins même. Ainsi, même en pensant bien faire, nos parents nous enseignent à nier nos émotions : « Ne pleure pas, ça ne fait pas mal ! Arrête de t'énerver même si tu es content ». On nous force à manger ce que nous n'aimons pas, à faire semblant d'être contents quand nous sommes déçus pour rester polis. Petit à petit, nous entrons dans le moule des conditionnements, des attentes des autres, des règles que d'autres ont dicté pour nous. Nous nous efforçons de porter en tout temps un masque socialement acceptable pour cacher nos véritables sentiments.

Petit à petit, nous apprenons à nous nier, à oublier ce que nous ressentons, à ravaler nos émotions, nos envies, nos dégoûts, nos propres choix même parfois. Et c'est ainsi que nous passons une partie de notre vie dans le « déni de soi » comme le dit si bien Gregory Mutombo.

C'est dans ce déni que naissent les maladies, les symptômes, les blessures, comme si notre corps nous disait « Écoute-moi ! Écoute ce que j'ai à te dire et que tu refoules au fond de toi ! Écoute ce que je cherche à te faire comprendre. Écoute et apprend à t'exprimer ! »

Car nous avons beau être dans le déni de soi, notre corps lui ne l'est pas ! Il est notre plus fidèle allié pour nous rappeler de nous écouter. Nos problèmes physiques surviennent pour nous éveiller à plus de conscience, à plus de présence à soi. Un problème récurrent est le signe que nous ne sommes pas à l'écoute de la Vie, de notre petite voix intérieure.

Nos émotions nous parlent de nous, de ce qui « résonne » en nous alors que nous, nous essayons de les « raisonner » ! Nous sommes tellement dans notre tête que nous oublions de ressentir dans notre corps et de vivre au niveau du cœur.

Quand nous jugeons l'autre, nous sommes dans le déni de soi, car lorsque nous le jugeons, nous nous jugeons nous-mêmes. Pouvons-nous nous reconnaître dans l'autre, dans son essence divine ? Quand nous le jugeons, nous ne pouvons pas apprendre à mieux nous connaître, nous ne pouvons pas apprendre à mieux aimer. Nous nous nions.

Et vous, quelle partie de vous avez-vous tendance à renier ? Celle qui parfois aurait envie de hurler « laissez-moi être moi ! » ? Celle qui n'en peut plus de ne jamais penser à elle ? Celle qui ne sait plus qui elle est, ce qu'elle aime, ce dont elle a envie, tellement habituée à se renier qu'elle ne retrouve plus sa propre identité ?

Sortir du déni de soi, c'est entrer en soi. C'est aller voir à l'intérieur de nous ce qui va bien, ce qui ne va pas. C'est faire le bilan de ce que nous ressentons, de ce que nous nous permettons de ressentir, de ce que nous ne nous permettons pas de ressentir. C'est être à l'écoute de nos malaises, de nos symptômes, de nos maladies peut-être si nous n'avons pas entendu les deux premiers. C'est retrouver l'enfant que nous étions, recontacter sa joie de vivre, son insouciance, sa candeur, sa spontanéité, son effervescence, son immense capacité à être dans le moment présent. C'est recommencer à vivre UN moment à la fois, celui qui est juste là, sans ressasser hier et sans planifier demain. C'est redécouvrir ce qui nous habite vraiment. C'est s'aimer intégralement. C'est réapprendre à être vrai, à être entier, à être soi. À être libre.

Revisitez votre histoire

L'être humain passe sa vie à se raconter des histoires ! On se fait croire qu'une telle personne est désagréable, alors que c'est notre perception biaisée qui commande ce jugement sans appel. Nous sommes convaincus que nous conduisons tellement mieux que les autres, alors que nous ne voulons pas voir que c'est notre ego qui bien souvent conduit notre auto à notre place !

On reçoit un appel en plein milieu de la nuit, et tout de suite nous nous imaginons la pire histoire. Notre enfant est en retard, et là encore nous créons de toutes pièces un scénario catastrophique.

Mais nous nous racontons aussi une autre histoire : la nôtre ! Au fil des années, chaque fois que nous racontons notre histoire, notre passé, un souvenir, il arrive que nous modifions certains détails ou que nous accentuions certaines situations pour donner plus d'intérêt à ce que nous avons vécu. Il n'est pas rare qu'au final, l'histoire que nous nous racontons ne ressemble en rien à ce que nous avons vraiment vécu. Parfois en pire, parfois en mieux. Nous jouons avec la réalité de façon anodine alors que les impacts peuvent être dévastateurs, au point de nous perdre dans ces histoires inventées.

Même une fois adultes, nous continuons de croire l'histoire que nous nous racontons de notre enfance, oubliant des pans complets, négligeant certains détails importants, nous créant une enfance plus proche de l'idéal tant souhaité que de la réalité peut-être douloureuse. Cette façon de faire, c'est aussi du déni de soi.

Certaines de nos croyances sont si fortement ancrées en nous qu'elles mettent un voile épais entre la réalité et nous.

Il en est souvent ainsi de notre passé, de la manière dont nous l'avons interprété et surtout de l'énergie que nous mettons parfois à le garder vivant dans notre esprit, dans notre corps et... dans notre présent, nous privant ainsi, justement, de notre présent.

Le problème, c'est que, même si notre histoire s'est modifiée avec le temps, elle conditionne quand même nos comportements présents, nos peurs actuelles, nos croyances, nos attentes, nos décisions. Et plus elle est déformée, plus nous nous éloignons de ce que nous sommes vraiment, de ce que nous avons à vivre réellement, aujourd'hui.

Ce n'est que lors de certains événements de vie importants, comme un deuil, la maladie, une dépression, une séparation, que nous prenons peu à peu connaissance de la réalité dans laquelle s'est déroulée de notre enfance. Peu à peu, les véritables souvenirs remontent à la surface, ces souvenirs que nous avions enfouis parce qu'ils étaient trop douloureux à digérer pour notre petit cœur d'enfant. Ce sont parfois nos difficultés actuelles qui nous permettent de résoudre nos difficultés antérieures et libérer ainsi l'ardoise pour que nous avancions enfin librement.

La récupération de notre véritable histoire est une étape importante de notre capacité de bonheur et nous ne voulons pas l'éviter, même si l'émergence de certains passages s'avère presque aussi douloureux qu'au moment de leur occurrence.

Ainsi, il vaut mieux parfois revisiter notre passé, faire la paix avec ce qui nous a blessés, tenter de voir la réalité comme nous l'avons vécu et surtout, cesser de ramener sans cesse ce passé dans notre présent. Notre vie est neuve à chaque instant et pourtant, nous la teintons des couleurs délavées par les années. Ne serait-il pas temps justement de nous réapproprier ce que nous sommes, aujourd'hui, ici et maintenant et de cesser de ramener sans cesse ce qui a déjà été vécu afin de vivre enfin notre vie actuelle ?

Une fois que nous avons récupéré, souvent avec l'aide de spécialistes, les morceaux de notre histoire qui composent notre puzzle de vie, il est sage alors de la laisser partir, de ne pas s'y accrocher, de ne pas la retenir pour s'y vautrer en s'apitoyant sur soi. Cette étape de notre maturation devrait servir à nous guérir, à mieux nous comprendre, mieux nous connaître et mieux nous aimer.

Peut-être aussi pourrait-on essayer de comprendre ce que cela nous apporte de raconter notre passé, alors que tout ce qui compte c'est ce que nous vivons maintenant ? Que serions-nous sans notre histoire ? Sans doute serions-nous nous aussi neufs à chaque instant. Nous pourrions nous redéfinir avec ce que nous sommes plutôt qu'avec ce que nous avons été. Il ne s'agit pas d'effacer notre histoire ni de l'oublier, il s'agit plutôt de ne plus la faire revivre constamment car cela nous prive du seul moment compte, le présent.

Car la vraie Vie, notre vie, c'est celle que nous vivons maintenant, sans se raconter d'histoires !

Quand la colère nous étouffe

Ressentez-vous parfois cette colère qui vous déchire le cœur et les entrailles ? Cette agressivité sortie d'on ne sait où qui prend toute la place dans votre esprit et qui gâche votre vie ? Cette rage même parfois qui vous fait perdre tant d'énergie, qui éloigne ceux que vous aimez, qui détruit ce que vous avez bâti ?

On ne parle pas ici des colères saines qui ont lieu d'être en temps opportun. On parle plutôt de cette colère qui est présente en nous depuis fort longtemps. Celle qui nous fait avoir des réactions démesurées par rapport aux événements que nous vivons. On peut ainsi perdre patience pour un rien, crier parce que quelque chose ne fonctionne pas à notre goût ou que quelqu'un ne fait pas ce qu'on attend de lui.

Et même alors, il nous est souvent difficile de nous comprendre nous-mêmes ! D'où vient cette rage en nous ? Ce souffle ardent dont les braises sont constamment en flamme ? Cette énergie parfois dévastatrice qui nous épuise et qui nous ronge de l'intérieur ? Celle qui nous tue à petit feu ?

Souvent, cette immense colère provient d'une grande blessure survenue durant l'enfance, parfois un peu plus tard, et jamais soignée. Elle peut même avoir été occultée par notre cerveau, incapable de composer avec la douleur au moment de l'événement et qui repousse aux confins de notre subconscient ce qui a fait trop mal, quitte à ce que nous le traitions plus tard. Mais pour pouvoir le traiter, car il faudra bien le faire tôt ou tard, il faut aussi s'en rappeler de cet événement, et avoir le courage de vouloir régler l'émotion immense qui s'y cache afin d'en libérer toute la charge négative et enfin retrouver notre paix d'esprit.

Quand nous ne prêtons pas attention aux petits inconforts, à ce qui couve en nous, avec le temps, les dénis s'accumulent, la colère augmente et prend des proportions hors normes pour qu'enfin nous ayons le courage de prendre soin de ce qui, là, en nous, crie de toutes ses forces. C'est l'enfant blessé qui crie, qui hurle, qui demande à être réconforté, soigné, bercé, protégé, entendu et aimé. Ne nous refusons pas ce moment tellement important dans notre vie : celui où nous décidons enfin de soigner ces blessures qui nous habitent et qui prennent le contrôle de notre vie à notre insu.

Car ne nous le cachons pas, notre immense colère finit par devenir plus douloureuse que le fait de s'asseoir avec cette blessure et de la regarder en face pour la traiter et pour enfin entendre ce qu'elle a à nous dire. Ce n'est pas dans la fuite que nous guérissons, c'est dans le face à face avec notre blessure. Alors courage ! Pour guérir de notre colère intérieure, soignons l'enfant blessé en nous.

Comment se porte votre dignité ?

Qu'est-ce que ce mot fait résonner en vous ?

La dignité n'est pas un mot très à la mode. Pourtant, c'est un principe de base de l'estime de soi. Si votre dignité est rendue sous vos talons, il est grandement temps d'y remédier !

Si nous sommes toujours à la merci des décisions des autres, que ce soit pour le choix des activités, des repas, des destinations vacances, des petites et grandes choses du quotidien, notre dignité est bien faible. Si nous laissons une autre personne nous traiter avec mépris, froideur, condescendance, notre dignité est toute petite. Si une autre personne nous ment, nous maltraite, nous trompe, nous harcèle, nous fait du mal, nous violente, nous agresse, alors nous avons complètement perdu de vue même le mot dignité. Si vous partagez votre vie avec une personne toxique, votre dignité est probablement mise à mal constamment.

Comme le chantait Whitney Houston, les gens peuvent tout nous prendre, mais ils ne pourront jamais nous voler notre dignité. Mais seulement à la condition que nous nous rappelions qu'en toutes circonstances, nous devons assumer pleinement notre dignité.

Le dictionnaire la définit ainsi : « La dignité de la personne humaine est le principe selon lequel une personne ne doit jamais être traitée comme un objet ou comme un moyen, mais comme une entité intrinsèque. Elle mérite un respect inconditionnel, indépendamment de son âge, de son sexe, de son état de santé physique ou mentale, de sa condition sociale, de sa religion ou de son origine ethnique ». Au Québec, nous l'avons même enchâssée dans le Code civil, dans les Droits de la personne et dans la Loi contre le harcèlement.

Pourtant, nous sommes souvent les premiers à oublier d'être dignes. Quand nous ne nous respectons pas, les autres ne peuvent pas nous respecter, nous bafouons ainsi notre dignité. Quand nous ne sommes pas vrais envers nous-mêmes, nous renions notre dignité. Quand nous tolérons l'intolérable, que nous nous mentons à propos de la réalité, que nous fuyons nos responsabilités envers nous-mêmes, nous manquons de dignité. Quand nous refusions d'accueillir ce qui est, quand nous rejetons la faute sur l'autre, nous nions notre dignité.

La dignité, c'est se tenir debout avec grâce, quoiqu'il advienne. C'est savoir quitter avec élégance, quand d'autres ne nous respectent pas. C'est s'aimer suffisamment pour ne pas tolérer ni attirer des personnes qui nous maltraitent. C'est protéger notre âme avec bienveillance. C'est être authentique envers soi-même et à l'écoute de ce que notre cœur nous dit. C'est cesser de se renier et enfin s'accueillir dans son intégrité, en sachant que rien ne peut nous l'enlever si nous ne le permettons pas. Mais pour cela, nous devons être conscients que nous portons tous la dignité en nous, qu'elle fait partie de nous. C'est l'une des plus belles qualités de l'âme humaine.

Quelle est la pierre qui bloque votre chemin ?

Parfois nous désirons tellement quelque chose de toutes nos forces que nous nous impatientons que cela n'arrive pas aussi vite que nous le voudrions. Dans la majorité des cas, il y a une pierre qui bloque notre chemin et qui nous empêche d'avancer. Le problème, c'est que nous ne la voyons pas. Nous avons plus souvent tendance à trouver la Vie injuste qu'à tenter de voir ce qui fait que notre désir ne se réalise pas. Explorons quelques-unes des pierres qui achoppent le plus souvent :

- Parfois, la Vie nous réserve quelque chose de mieux, alors ce que nous voulons n'est pas destiné à se réaliser

- D'autres fois, nous pouvons ne pas être prêts encore, par exemple, à rencontrer l'Amour car nous n'avons pas soigné nos blessures, ou nous ne nous aimons pas suffisamment, ou l'autre personne n'est pas encore prête.

- Souvent, au fond de nous, une fausse croyance fermement ancrée ne nous permet pas de croire au bonheur véritable ; bien qu'on le souhaite ; tant que nous n'avons pas démasqué cette fraudeuse, elle empêche la réalisation de ce que nous souhaitons.

- Dans certaines occasions, ce que nous souhaitons n'est tout simplement pas bon pour nous, pour notre évolution. Alors le fait que cela n'arrive pas peut viser à nous protéger d'une chose qui nous compliquerait la Vie inutilement

- Il arrive aussi que nous ayons quelque chose à régler ou à vivre avant que notre désir se réalise.

- Souvent, nous traînons des bagages du passé qui nous empêchent de vivre pleinement notre présent.

- Parfois, c'est un pardon que nous peinons à accorder ou à demander qui retarde notre évolution

- Certains apprentissages de vie peuvent aussi être essentiels avant que nous réalisions notre rêve, comme apprendre à vivre seuls, apprendre à s'aimer, devenir autonomes, nous libérer de vieilles colères.

- Sommes-nous convaincus, vraiment, profondément, que nous avons le droit d'être heureux ? Avons-nous peur que cela porte ombrage à certaines personnes ? Croyons-nous que ce qui nous semble destiné puisse vraiment nous être accordé ?

- Existe-t-il un doute au fond de notre esprit qui nous fait constamment, même imperceptiblement, osciller entre la confiance et la déception ?

Car ce doute peut être notre pire ennemi dans ce cas : il s'installe comme un poison qui ne nous permet pas une totale confiance dans la Vie.

Quelle que soit la pierre qui bloque notre chemin dans la réalisation de l'un de nos rêves, c'est à nous qu'il revient de déplacer ce qui nous appartient, puis de faire pleinement confiance à l'immense sagesse de la Vie. Sans aucun doute !

Réfléchir ou ressentir

Dans notre monde, nous avons valorisé la pensée, la réflexion, le mental, l'analyse à un point tel que nous avons étouffé le langage de notre ressenti. Oh bien sûr, nous sommes intelligents, rationnels, logiques, pragmatiques, mais nous ne sommes plus, ou si peu, à l'écoute de notre ressenti, des signaux de notre corps, de nos émotions, de notre petite voix intérieure, de la voie de notre âme.

Et nous nous étonnons de ne pas comprendre ce qui nous arrive lorsque le chaos est présent dans notre vie, lorsque nous avons une grande décision à prendre, lorsque des changements s'avèrent inéluctables, lorsque qu'une route s'achève et qu'une autre s'annonce, lorsque que cette ancienne vie se termine et que la nouvelle n'est pas encore assez clairement définie pour nous rassurer.

Nous avons tellement besoin de tout comprendre que nous avons oublié de faire confiance à la Vie, d'écouter notre élan intérieur, de laisser monter notre intuition pour nous guider sur cette nouvelle route que nous ne discernons peut-être pas encore.

Curieux quand même à quel point nous avons érigé notre mental en dieu tout-puissant et que nous avons relégué notre intuition au niveau des élucubrations frivoles ou utopistes...

Et si nous avions tout faux à ce niveau ? Peut-être devrions-nous d'abord écouter notre intuition pour ensuite laisser notre mental organiser la suite des choses ? Peut-être même devrions nous laisser la Vie nous guider pas à pas, afin d'être à l'écoute de ce que la Vie attend de nous. Sans doute serions-nous tellement moins anxieux si nous apprenions à faire confiance à l'intelligence de la Vie, à la sagesse de notre intuition, à la solidité de notre voix intérieure plutôt que de tenter de vouloir tout prévoir, tout contrôler, tout rapetisser à la taille de notre mental.

Car plus nous réfléchissons, moins nous ressentons. Et moins nous ressentons, plus nous nous perdons. Tout ramener à l'analyse mentale, c'est réduire l'immensité de la Vie qui nous est offerte à la taille de notre cerveau ! Nous sommes tellement plus que cela !

La Vie c'est un acte de foi, quoi que nous croyions. Soit nous avançons avec elle, suivant son pas, tenant sa main, soit nous tentons de tout contrôler seuls et nous nous perdons dans les méandres de nos propres élucubrations mentales. Le choix me semble simple. Pas vous ?

Acceptez de ne pas tout comprendre

Ciel que nous avons donc besoin de tout comprendre, tout le temps ! De justifier nos actions et celles des autres, de savoir enfin pourquoi telle chose nous arrive et pas telle autre.

Nous avons tellement développé notre mental que nous voulons tout filtrer par celui-ci : les mots, les gestes, les pensées, les regrets, les choix, les objectifs, les prévisions, les bilans…tout ! Pourquoi cette personne est-elle sur notre chemin à ce moment-ci, pourquoi n'avons-nous pas eu le poste convoité, pourquoi notre enfant fait-il des choix qui nous inquiètent…

À force de vouloir tout comprendre, tout analyser, nous oublions d'accueillir la Vie ! Nous oublions de vivre !

Bien sûr, certaines prises de conscience nous permettent de faire de prodigieux bonds en avant dans notre évolution personnelle. Mais même ces prises de conscience ne viennent pas sur demande ! Elles se présentent quand nous sommes prêts, pas avant. Nous aurons beau vouloir comprendre et apprendre la leçon maintenant, tant que nous n'aurons pas renoncé à contrôler même notre apprentissage, les portes des prises de conscience nous resteront fermées.

Ce n'est pas important de tout comprendre. Mais c'est beaucoup plus important de tout accueillir. Dans le « vouloir comprendre », nous faisons intervenir notre volonté, notre contrôle, notre ego. Dans l'accueil, nous ouvrons notre cœur.

Prenez une situation actuelle que vous n'aimez pas et tentez de la comprendre ; observez comment vous vous sentez. Puis prenez la même situation et accueillez-la de tout votre cœur, entièrement. Comment vous sentez-vous ? Fort probablement plus libre, plus dégagé, plus détendu… plus heureux même.

Car lorsque nous renonçons à vouloir tout comprendre, les choses arrivent comme et quand elles doivent arriver, sans que nous ayons à intervenir. Nous sommes dans le lâcher prise mais au lieu de se faire à notre corps défendant, nous sommes dans notre cœur aimant. Toute une différence !

Nos apprentissages, nos prises de consciences, nos franchissements d'étapes de vie se font lorsque nous sommes prêts à les accueillir sans chercher à les modifier, les provoquer ou les hâter. Quand nous vivons sans avoir besoin de tout comprendre avec la tête, la Vie est tellement plus facile, plus simple, plus belle aussi ! Car comme nous accueillons tout ce qui se présente à nous avec le cœur ouvert, tout nous semble bon, même ce qui nous déplait.

Renoncer à vouloir tout comprendre, c'est se donner la liberté de vivre dans la douceur de l'accueil. Chaque jour, chaque événement et chaque personne deviennent ainsi des cadeaux de la Vie, des partenaires de liberté, sans que nous ayons besoin de comprendre pourquoi.

Il nous est toujours donné selon nos croyances

Nous avons tous des croyances ancrées et enfouies au plus profond de nous et souvent même sans que nous les conscientisons. La majorité, ce sont de fausses croyances qui dirigent notre vie à notre insu. Le défi est d'aller identifier quelle est la fausse croyance qui se joue actuellement dans notre vie. Car elles arrivent en alternance, jusqu'à ce que nous les ayons démasquées, les unes après les autres. Ou toutes en même temps le jour où nous comprenons que tout ce qui existe est parfait !

Ce sont nos fausses croyances qui bloquent l'abondance dans notre vie, sous toutes ses formes. Croyons-nous au fond de nous que nous ne méritons pas vraiment d'être aimés ? Alors nous vivrons le manque d'amour. Avons-nous l'impression d'être inintéressants pour les autres ? Alors nous connaîtrons la solitude. Croyons-nous qu'il faille travailler fort pour réussir ? Donc, la Vie nous donnera raison et nous devrons occuper 2 emplois pour arriver. Que les riches ont sûrement quelque chose à cacher ? Donc, que nous ne pouvons vivre dans l'aisance financière en étant honnêtes. Que les hommes, ou les femmes, sont incapables d'aimer ? Alors nos relations sont condamnées d'avance. Que les enfants sont ingrats ? Nous l'expérimenterons dans notre chair. Que tous les patrons sont mauvais ? Alors notre vie professionnelle sera difficile. Ces fausses croyances sont pourtant parmi les plus faciles à déceler.

Mais si au fond de nous, enfouies très loin dans notre subconscient, subsistent les fausses croyances suivantes : l'Amour n'existe pas, on ne m'a jamais aimé, mes parents ne m'ont jamais désiré, la Vie est dure, les gens sont méchants, personne ne m'aime, le monde est fou ; alors nous vivons probablement une vie qui reflète constamment ces fausses croyances, sans que nous ne comprenions pourquoi, jusqu'à ce que nous en devenions conscients.

Nous récoltons toujours selon nos croyances et notre existence tend à nous démontrer que notre vie ressemble en toutes lettres à ce que nous croyons profondément. Ce n'est pas étonnant que ce à quoi nous aspirons ne se réalisent pas toujours comme nous le voudrions. C'est le subconscient qui a engrammé la programmation et c'est toujours le programme automatique qui s'enclenche en premier, jusqu'à ce que nous devenions conscients de notre croyance.

Pour démasquer chacune de ces croyances, nous pouvons identifier les secteurs de notre vie où les choses ne fonctionnent pas à notre goût et tenter de remonter le fil de nos pensées jusqu'à ce que nous trouvions la croyance originelle. Nous voulons trouver nos fausses croyances ? Regardons autour de nous ce qui semble nous manquer ou aller mal : là se trouve une fausse croyance.

Mais surtout, en développant notre estime de soi, en nous aimant vraiment, nous deviendrons notre propre référence. En accueillant la Vie à bras ouvert et en sachant qu'elle nous enseigne toujours à devenir plus conscients, nous accueillerons chaque événement comme un révélateur de nos croyances. En faisant confiance à la Sagesse de la Vie, toutes nos fausses croyances seront déboulonnées, car elles n'auront plus leur utilité.

Nos programmations internes

Nous pouvons tous choisir consciemment notre manière de réagir à presque tout ce qui arrive. Nous pouvons réagir avec ouverture ou avec résistance. Notre capacité consciente à dépasser les automatismes de notre subconscient s'appelle notre libre arbitre.

Mais le problème, c'est que les automatismes de notre subconscient, c'est-à-dire les programmations qu'il a emmagasinées depuis notre naissance, et même bien avant, nous sont pas toutes les nôtres.

Nous avons probablement adopté les perceptions des autres, nos parents, notre famille, nos professeurs, etc., et inconsciemment en faire « nos vérités » alors que nous ne pouvions pas faire la distinction entre la réalité et les fausses perceptions que nous adoptions des autres. Ces fausses perceptions programmées dans notre subconscient deviennent des habitudes qui nous entraînent dans des comportements qui peuvent s'avérer destructeurs ou indésirables pour nous. Les comportements appris et les croyances acquises des autres ne sont pas toujours en harmonie avec ce que nous sommes. Toutes ces limites qui ont été programmées dans notre subconscient sont celles qui nous empêchent d'accéder à ce à quoi nous aspirons. Devenir conscients de nos croyances et de nos pensées et faire le tri parmi celles-ci nous aidera à y voir plus clair. Il faut reprogrammer des croyances plus saines et plus en harmonie avec ce que nous sommes véritablement. Nous devenons responsables de tout ce qui nous arrive à partir du moment où nous prenons conscience que nous sommes effectivement responsables de tout ce qui nous arrive dans notre vie !

Les récentes recherches scientifiques démontrent que lorsque nous modifions notre façon de percevoir le monde, lorsque nous modifions nos croyances, nos pensées, nos programmations, nous transformons la composition neurochimique du sang, ce qui entraîne une modification des cellules de notre organisme. Ainsi, les perceptions positives de l'esprit améliorent la santé en stimulant les fonctions immunitaires alors que les perceptions négatives, en inhibant l'activité immunitaire, peuvent créer la maladie ou induire un stress qui aura un impact profond sur notre bien-être, pouvant même modifier notre humeur et notre comportement. Les recherches suggèrent même qu'un état d'esprit positif peut permettre d'atténuer les signes du vieillissement.

Lorsque nous sommes en colère ou que nous avons peur et que nous adoptons un comportement défensif, la production d'énergie vitale ralentit dans notre corps. Plus longtemps nous restons en mode défensif, plus nous compromettons notre santé.

Chaque fois que nous empruntons un autre chemin plus positif que celui de nos programmations habituelles pour analyser une situation, par exemple un conflit ou une mauvaise nouvelle, nous pouvons réduire notre stress. Car chaque fois que nous croyons nos pensées à propos de la réalité, nous stressons, tandis que chaque fois que nous accueillons ce qui est, nous nous détendons.

Mais il ne suffit pas que d'éliminer le stress pour être bien. L'élimination du stress ne nous amène qu'au point neutre. Pour être heureux, nous devons apprendre à vivre dans la joie, l'amour et la paix afin de stimuler nos cellules. Chacune de nos cellules est le reflet de ce que nous pensons. Plus nous baignons dans l'Amour, mieux notre santé se porte. L'Amour constitue un antidote au stress et aux maladies qui lui sont associées.

L'abondance

Avez-vous l'impression de vivre dans l'abondance ou dans le manque ? Avez-vous tendance à regarder ce que vous avez ou plutôt ce qui vous manque ? Ce sur quoi vous mettez votre attention s'amplifiera !

Dans notre culture occidentale, l'abondance se traduit souvent par aisance financière, possession de biens matériels. Beaucoup de gens aimeraient vivre dans cette abondance et sont prêts à faire bien des choses pour y arriver.

Pourtant, l'abondance est présente dans toute vie. L'abondance EST la Vie, c'est notre droit à tous. Nous oublions toutefois de voir l'abondance sous ses différentes formes et souvent nous focalisons là où se situe le manque, selon nous. Pour cesser d'accorder trop d'importance au manque, nous pourrions nous faire un petit journal de l'abondance, où chaque jour, nous noterons comment l'abondance est entrée dans notre vie aujourd'hui :

- L'abondance en amitié, avec les amis qui nous soutiennent ou nous font rire (et encore mieux ceux et celles qui font les deux à la fois !)
- L'abondance de nos liens familiaux, qu'ils soient de naissance ou choisis par la suite
- L'abondance de la santé, même si nous sommes malades, certaines parties de nous sont en santé
- L'abondance dans le fait d'avoir un toit sur la tête, de l'eau pour boire, de l'eau chaude pour prendre une douche, un repas sur la table
- L'abondance de pouvoir travailler, même si notre salaire est minime
- L'abondance de la santé mentale, malgré certaines difficultés occasion-nelles
- L'abondance des fleurs qui s'offrent à nous partout
- L'abondance des oiseaux, de leurs couleurs, de leur chant, de leur variété
- L'abondance de toutes les belles choses que nous pouvons voir, en-tendre, sentir, goûter, toucher
- L'abondance de l'Amour, sous toutes ses formes, dans toutes occasions et en tous lieux.

Plus nous noterons souvent comment l'abondance est présente sous différents aspects dans notre vie, plus nous l'attirerons, car nous serons à l'affût de toutes ses manifestations dans notre vie. C'est ainsi que nous reprogrammons notre subconscient à voir l'abondance partout. Ce sur quoi nous mettons notre attention s'amplifiera ! N'est pas merveilleux ? Ainsi, nous ne nous concentrerons plus sur le manque, mais sur l'abondance !

Et vous, quelles formes prend l'abondance dans votre vie ?

S'aimer, ce n'est pas seulement se trouver belle (ou beau) !

En fait, ce n'est surtout pas que ça ! Récemment, quelqu'un me disait qu'elle s'aimait maintenant car lorsqu'elle se voyait dans le miroir, elle pouvait se trouver belle alors qu'avant, elle n'aimait pas l'image que le miroir lui renvoyait. Dans notre société axée sur la beauté, certains ont pu confondre que s'aimer, c'est aimer son physique ou l'accepter comme il est. Les fausses croyances imposées par la société ont souvent déformé notre manière de voir nos valeurs les plus profondes.

Soit ! Aimer l'image de soi que l'on a fait partie de l'une des étapes d'apprendre à s'aimer, mais ce n'est pas la plus importante. Ce n'est pas ça l'estime de soi ! La réduire à ce simple constat prouve simplement que nous ne nous aimons pas encore assez.

L'estime de soi, s'aimer soi-même, c'est beaucoup plus profond, beaucoup plus global que cela. L'estime est composée d'une foule de gestes et de sentiments pour soi. Apprendre à s'aimer implique notamment les actes suivants :

- Être notre propre référence
- Ne plus avoir besoin de l'approbation des autres
- Ignorer ce que les autres pensent de nous, cela leur appartient
- Apprendre à écouter notre petite voix et nos élans du cœur
- Se traiter avec bienveillance, en tout temps
- Se faire confiance car quoi que nous fassions, soit nous réussissons, soit nous apprenons
- Éviter de nous juger et de nous condamner, quoi que nous fassions
- Nous pardonner chaque soir pour ce que nous croyons avoir fait de moins bien
- Accepter de recevoir ce qui est bon pour nous, sans nous sentir redevables
- Accueillir ce que la Vie met sur notre chemin, sans résister
- Savoir au plus profond de nous que la Vie veut toujours ce qu'il y a de mieux pour nous
- Éviter de nous comparer à qui que ce soit, que ce soit en plus ou en moins
- Avoir confiance que quoi qu'il arrive, c'est toujours ce dont nous avons besoin

- Régler ce qui nous fait encore mal, malgré les années
- Nous réserver du temps de qualité pour nous chaque jour
- Accepter que les autres puissent ne pas nous aimer, puissent nous quitter et savoir intimement que cela ne pourra jamais nous détruire
- Refuser d'être maltraités
- Quitter tout ce qui ne nous convient plus
- Devenir notre meilleur ami
- Réapprendre à vivre, à faire ce que nous aimions, à prendre le temps de savourer la Vie
- Chanter, danser, rire, sentir, goûter, toucher, apprécier
- Avoir de la gratitude pour tout ce que nous avons et oublier ce que nous n'avons pas
- Accepter que l'Amour des autres puisse se manifester différemment de ce que nous aimerions recevoir et en être reconnaissants quand même
- Être heureux pour le bonheur des autres et compatissants pour leur difficultés, sans juger, sans sauver, sans envier
- Être reconnaissants pour notre propre bonheur qui n'est ni une question de mérite, ni de « c'est à mon tour » ni de travail : le bonheur nous est donné quand nous acceptons de le recevoir le cœur ouvert à 100 %, car le bonheur est déjà présent en nous. Il attend seulement que nous le rejoignons !

Et vous ? Qu'est-ce que l'estime de soi pour vous ? Comment cela se manifeste-t-il dans votre vie ?

La rose ou les épines

Vous aurez beau offrir trois douzaines de roses, certains vous en voudront de leur avoir offert des épines !

Parfois, même lorsque nous sommes animés de nos meilleures intentions, la personne à qui nous offrons notre aide peut choisir de n'y voir que le côté négatif, plutôt que d'accepter de recevoir le beau côté de notre générosité. Parfois même nos paroles les plus aimantes peuvent être interprétées par l'autre comme une insulte ! Parfois, même un soutien inébranlable de notre part peut être déformé par le filtre des fausses croyances ou de la mauvaise volonté de la personne que nous voulons soutenir.

Avez-vous remarqué comment certaines personnes, systématiquement, ne peuvent accepter de recevoir quoi que ce soit de bon ? Ainsi, elles vont déformer, tordre, court-circuiter tous nos efforts pour leur démontrer notre support, dans l'unique but, souvent inconscient, de prouver que leurs fausses croyances peuvent être vraies ! Comme elles se méfient des autres pour ne pas souffrir, tout geste de bonté et d'amour passera dans le filtre de leur machine à interprétation pour en ressortir dénaturé, vidé de son essence ou complètement transformé en une abomination qu'elles créent de toutes pièces.

Tant que ces personnes ne s'aimeront pas suffisamment pour accepter de recevoir du beau et du bon dans leur vie, la majorité de nos efforts resteront vains. Il nous revient de déterminer si nous continuons de soutenir ces personnes ou pas : si nous pouvons continuer de le faire sans attente, peut-être un jour le chemin se fraiera-t-il jusqu'à leur cœur, mais nous n'en avons aucune garantie. Il faut surtout veiller à ne pas s'épuiser à vouloir les convaincre de la pureté de nos intentions. Celui qui ne veut pas voir ne verra pas !

Peut-être sommes-nous ainsi parfois, nous aussi, refusant de voir la beauté dans les gestes des autres à notre endroit. Peut-être avons-nous de la difficulté à croire que d'autres peuvent être pleins de bonnes intentions à notre égard, parce que nous traînons une vieille blessure qui sert de filtre à tout ce qui est bon qui vient vers nous. Si c'est le cas, il est de notre responsabilité de nous délivrer de ce filtre qui nous gâche la vie en nous empêchant de voir toute la beauté dans la rose pour ne porter notre attention que sur les épines.

Il est temps de nous laisser approcher par tout ce que la Vie nous réserve de meilleur et de l'accueillir dans notre vie, en étant reconnaissants de l'abondance qui nous est offerte et en sachant que ni le passé ni le besoin inutile de sécurité ne peuvent nous rendre heureux. Car la rose n'a des épines que pour celui qui veut la cueillir ! En laissant la Vie et les autres nous offrir leur générosité sans tenter de retenir quoi que ce soit, nous ouvrons notre cœur à plus d'abondance encore. Et nous pouvons enfin admirer la beauté de la rose et de la vie pour ce qu'elle est.

Angle mort

Lorsque nous apprenons à conduire une auto, on nous enseigne toujours à vérifier nos angles morts car il peut s'y trouver des choses que nous ne voyons pas avec notre rétroviseur.

Au volant de notre Vie, nous connaissons aussi des angles morts ! Vous savez, ces endroits en nous si bien cachés que non seulement nous ne les voyons pas mais nous ignorons même parfois qu'ils existent !

Parfois, ce sont des blessures enfouies tellement profondément et qui gèrent notre vie è notre insu qui sont cachées dans ces angles morts. Parfois, c'est un trait de caractère que nous refusons de voir qui se trouve tapi dans un coin de notre esprit auquel nous ne nous donnons pas accès. En d'autres temps, c'est quelque chose de tellement évident, comme le nez au milieu du visage, que nous ne voyons pas malgré les évidences et les ressentis refoulés.

En auto, il faut tourner la tête pour voir si quelque chose se cache dans nos angles morts. Dans notre vie, il faut aller en soi pour voir ce qui s'y trouve. Souvent, ce sont les autres qui klaxonnent en cas de danger. Dans notre vie, cela peut être nos amis ou même des inconnus qui nous montrent ce que nous ne voyons pas. Cela prend du courage, de la lucidité, un certain effort et surtout, beaucoup, beaucoup d'amour de soi.

Car ce que nous ne voyons pas, c'est souvent ce que nous ne voulons pas voir depuis longtemps ! Un trait de caractère que nous détestons ou que nous sommes convaincus de ne pas avoir, l'évidence d'une relation malsaine que nous refusons de reconnaître, un traumatisme que notre cerveau a fermé à clé dans un tiroir pour nous protéger...

C'est le rôle que nous jouons les uns pour les autres : mettre en lumière ce que nous ne voulons pas voir. Ainsi, plus certains comportements des autres nous dérangent, plus ils sont le signe que nous portons cette énergie à l'intérieur de nous mais que nous ne l'avons pas encore adressée. Et tant que nous ne le ferons, pas, les autres continueront de nous montrer inlassablement cela même que nous ne voulons pas voir. Nous sommes tous partenaires de liberté !

Il y a tant de choses que nous devrons finir par accepter de regarder dans nos angles morts si nous voulons conduire notre vie en évitant des accidents. Et une fois que nous les avons vues, nous ne pouvons plus ne pas les voir !

Nos peurs

Nous vivons dans une époque où la peur semble régner en maître. Les politiques, les bulletins de nouvelles, les discours publics nous parlent de catastrophes, de menaces, de morts, de violence, de conflits, de restrictions, de pénuries, etc.

Nous souscrivons à des assurances, « souhaitant le meilleur mais prévoyant le pire », fermons nos maisons à double tour, nous nous protégeons du soleil, de la pluie, des voleurs, et nous vivons, sans même plus nous en rendre compte, dans un climat et un état de peur permanente, comme si tout constituait une menace pour nous. Il y a eu l'âge de pierre, c'est maintenant l'âge de peur.

Pourtant, vivre dans la peur, c'est ignorer comment la Vie fonctionne, c'est oublier que tout est toujours pour le mieux. C'est ne pas comprendre que nous sommes tous responsables de nos choix, que *nous ne sommes jamais des victimes*, que nous n'avons rien à craindre car la Vie est bonne pour nous, malgré ce qui nous semble des épreuves ou des drames, rien n'est laissé au hasard et tout sert notre évolution. C'est oublier que la Vie nous aime, même si elle ne se déroule pas comme nous le voudrions.

Nous avons oublié que le contraire de la peur, ce n'est pas la sécurité, c'est l'Amour. Et que si nous nous mettions à aimer davantage la Vie, les autres et surtout nous-mêmes, la peur finirait par disparaître de nos vies.

C'est la peur qui nourrit notre ego, qui nous fait juger les autres et nous-mêmes, qui nous exhorte à la perfection, qui attise démesurément notre besoin d'être aimés, qui complique toutes nos relations et qui nous maintient dans un immobilisme qui nous paralyse et nous rend malheureux.

Certaines de nos peurs sont tellement profondément ancrées en nous que nous vivons avec elles et les laissons mener notre vie à notre insu. Ainsi, notre peur de nous affirmer et de perdre l'amour de l'autre peut avoir conditionné toute notre vie en nous amenant à écouter les besoins de l'autre bien avant les nôtres, à toujours dire oui pour ne pas déplaire, à s'effacer pour ne pas blesser l'autre, à vivre dans une gentillesse extrême pour être sûrs, croyons-nous, d'être aimés.

Nous n'osons alors pas dire non, nous n'exprimons pas clairement nos besoins (d'ailleurs, peut-être ne nous rappelons-nous même plus si nous avons des besoins !). Nous sommes à la merci des autres parce que nous sommes à la merci de nos peurs.

Pourtant, aucune de ces peurs n'est plus grande que nous. Peut-être est-ce le petit enfant en nous qui s'est senti plus petit que sa peur et qui vit encore à l'intérieur de nous. Peut-être est-ce le conditionnement appris et réappris toute notre vie qui nous donne l'illusion que nous ne pouvons pas faire autrement.

Un jour, tôt ou tard, il nous faudra apprendre à nous tenir debout face à soi, face à nos peurs, face à ce qui semble si puissamment plus grand que nous, pour enfin réaliser que tout ça n'est que le fruit de notre mental, de nos mémoires enfouies, de nos illusions, de nos pensées sans maître, de nos croyances illusoires.

En fait, on ne fait pas que survivre à ses peurs, on les affronte, on les dépasse et on constate qu'elles n'étaient rien, au final.

On se rend compte que d'apprendre à exprimer nos besoins, quels qu'ils soient, ne nous met pas en danger de quoi que ce soit, mais nous donne plutôt une immense puissance personnelle sur soi, une assurance solide et un sens des responsabilités que nul ne peut endosser à notre place.

Mais de quoi avions-nous peur au juste, si ce n'est le fait de constater à quel point nous sommes responsables de répondre à nos besoins ? Aucune blessure n'est éternelle, aucune peur n'est infranchissable, aucun besoin n'est inassouvissable. Toute peur agit comme une flèche qui nous ramène à nous-mêmes : elle nous indique clairement ce qui a besoin de plus d'amour en nous.

- Quelles peurs vous empêchent de grandir ?
- D'où proviennent-elles
- Sont-elles nécessaires ? Réelles ?
- Contribuent-elles à votre bonheur ou vous stressent-elles davantage ?

Dès que nous assumons ce que nous sommes, nous sommes plus puissants que ce que nous croyons. La peur nous prive de notre liberté. L'Amour nous libère de nos chaînes.

Tout sert notre évolution. Et même la peur car, par épuisement de vivre dans la peur, nous en venons un jour à choisir une autre voie, une autre manière de vivre. Celle de vivre dans l'Amour. La peur nous indique le chemin à prendre pour vivre dans la liberté.

Forcer ou vivre heureux ?

La majorité d'entre nous passons une bonne partie de notre vie à travailler fort, à faire des efforts, à se donner à 200 %, à tout faire pour s'améliorer, pour « devenir une meilleure version de nous-mêmes », comme si nous n'étions pas assez comme nous sommes ! Nous donnons sans compter, nous aidons, écoutons, comprenons. Nous nous dévouons pour notre patron ou nos clients, nous cherchons le bon angle en marketing, afin de développer notre business le plus vite possible.

Si, de plus, nous sommes en démarche de croissance personnelle, alors il faut être partout à la fois, souvent faire plein de choses que nous n'avons pas toujours envie de faire mais nous les faisons parce que d'autres nous ont dit que c'était ce qui fonctionnait. Pour eux ! Pourtant, nous savons que LEUR chemin n'est pas NOTRE chemin ! Mais nous continuons à suivre les recettes des autres, voulant vivre la même vie qu'eux, voulant goûter aux mêmes succès, marchant dans leurs traces. Et nous nous inscrivons à tout plein de cours, de séminaires, les uns après les autres, car nous voulons nous améliorer, devenir meilleurs, plus ceci et plus cela. Et nous angoissons de ne pas connaître les mêmes résultats que les autres, que ce soit financiers, de popularité, en amour, au travail et que sais-je encore.

Et nous avons tout faux...

Car nous avons déjà en nous tout ce dont nous avons besoin. Cette fausse croyance que nous devons travailler fort pour nous améliorer est en train de nous tuer à petit feu car, vous le savez bien, nous ne serons jamais satisfaits de ce que nous sommes, de ce que nous devenons, tant que nous n'aurons pas compris que nous sommes exactement comme nous devons être et tant que nous n'aurons pas appris à NOUS aimer inconditionnellement. Tels que nous sommes.

En voulant avoir une vie comme les autres, nous oublions de vivre notre propre vie. Et nous passons à côté du plus important : vivre notre vie, suivre notre élan, nous aimer tels que nous sommes, écouter notre cœur.

Travailler comme des fous pour payer une maison que nous n'habitons pas parce que nous travaillons pour la payer est un non-sens. Se payer du luxe pour combler un vide intérieur parce que nous n'avons plus le temps de prendre soin de nous et travailler encore plus fort pour payer les comptes qui servent à remplir ce vide que nous créons nous-mêmes est un non-sens. Fournir encore plus d'efforts pour obtenir une promotion ou pour rencontrer nos « objectifs » pour avoir un plus gros salaire pour devoir travailler encore plus fort pour maintenir un train de vie qui n'a plus rien à voir avec la vraie Vie est une aberration !

Revenons aux choses simples. Suivons notre cœur. Et ne me dites pas que c'est difficile et qu'on ne peut pas faire ça ! Oui, ce n'est pas facile mais nous pouvons tous le faire. Nous pouvons simplifier notre vie à tous les niveaux. Nous pouvons commencer par nous aimer assez pour faire en sorte que notre bonheur passe toujours en premier. Nous pouvons enfin écouter cette petite voix à l'intérieur de nous qui a envie de faire ce qu'elle aime dans la vie, même si c'est moins payant. Vivre heureux pour le reste de votre vie, ça vous tente ? Ou préférez-vous continuer de subir un emploi en comptant les dodos qui vous séparent de votre retraite ?

Vous connaissez l'histoire du pêcheur, telle que racontée par Paulo Coelho ?

Il était une fois un homme d'affaires qui s'était assis sur la plage d'un petit village brésilien. Il vit un pêcheur brésilien ramener son bateau vers le rivage après avoir attrapé une bonne quantité de gros poissons. L'homme d'affaires, impressionné, demanda au pêcheur : « Combien de temps vous faut-t-il pour attraper autant de poissons ? »

Le pêcheur lui répondit : « Oh, très peu de temps. »

« Alors, pourquoi vous ne restez pas plus longtemps en mer afin d'en attraper plus ? », rétorqua l'homme d'affaires stupéfié.

« C'est assez pour alimenter ma famille entière », lui répondit le pêcheur.

L'homme d'affaires lui demanda alors : « Alors, que faites-vous le reste de la journée ? »

Le pêcheur lui répondit :

« Bien, je me réveille d'habitude tôt le matin, puis je pars pour aller en mer afin d'attraper quelques poissons, pour ensuite rentrer et jouer avec mes enfants. L'après-midi, je fais une sieste avec ma femme, et lorsque se profile le soir, je rejoins mes copains dans le village pour boire un coup - nous jouons de la guitare, nous chantons et dansons durant toute la nuit. »

L'homme d'affaires fit une suggestion au pêcheur :

« J'ai un doctorat en gestion des affaires. Je pourrais vous aider à devenir une personne bien plus riche. Pour ce faire, il vous faudrait passer plus de temps en mer et essayer d'attraper autant de poissons que possible. Quand vous aurez économisé assez d'argent, vous pourrez acheter un bateau plus grand et attraper encore plus de poissons. Cela vous permettra donc d'acheter plus de bateaux, de fonder votre propre société et votre propre usine de production pour bâtir un réseau de distribution et de conserves. Durant ce temps, vous aurez quitté ce village pour aller vous installer à Sao Paulo, où vous pourrez fonder votre quartier général afin de gérer vos autres branches. »

Le pêcheur continua : « Et après cela ? »

L'homme d'affaires se mit à rire à gorge déployée : « Après cela, vous pourrez vivre comme un roi dans votre propre maison et au moment propice, vous serez rendu célèbre, ce qui vous permettra de vous lancer dans des opérations boursières et ainsi, vous deviendrez très très riche. »

Le pêcheur demande, « Et après cela ? »

L'homme d'affaires dit :

« Après cela, vous pourrez finalement prendre votre retraite, déménager et acheter une petite maison dans un village de pêche, vous réveiller tôt le matin, attraper quelques poissons, rentrer ensuite à la maison pour jouer avec vos enfants, avoir une sieste agréable avec votre femme et quand la soirée viendra, vous pourrez retrouver vos copains pour boire un coup, jouer de la guitare, chanter et danser durant toute la nuit ! »

C'est alors que le pêcheur très perplexe lui rétorqua :

« Mais, n'est-ce donc pas ce que je fais exactement maintenant ? »

Pour vivre heureux, faisons ce qui nous rend heureux *maintenant*. Et simplifions notre vie à tous les niveaux.

Tous les chemins mènent à la conscience

Parfois, nous observons les autres et nous ne comprenons pas toujours les chemins qu'ils empruntent. Ceux-ci nous semblent aller à l'encontre du bon sens. Et pourtant c'est le chemin que ces personnes choisissent, parfois délibérément, parfois en mode pilote automatique.

Souvent, nous sommes portés à juger les autres : une telle est en amour avec un homme marié, un autre qui laisse tomber une carrière fructueuse, une autre qui renonce à ses rêves pour un défi de moindre envergure, un autre qui sombre dans la drogue pour oublier sa réalité... Et nous jugeons ces choix parce que nous nous croyons bien supérieurs car nous, évidemment, ferions de meilleurs choix qu'eux, n'est-ce pas ?

En êtes-vous si sûrs ? Vous est-il déjà arrivé de juger une personne puis de vivre la même situation quelque temps plus tard et de vous voir contraint de faire le même choix qu'elle ? Vous est-il déjà arrivé de nier avoir fait quelque chose par honte de vos choix ?

Quand nous voyons quelqu'un que notre ego a d'emblée envie de juger comme étant inapte, inférieur, inadéquat, tout croche ou que sais-je encore, rappelons-nous que tout ce que nous jugerons chez autrui, nous aurons à l'expérimenter à notre tour nous aussi tôt ou tard car nous le portons en nous ! Sinon, nous ne le verrions pas chez l'autre.

La Vie ne nous demande pas de juger les autres, elle nous enjoint à être compatissants et aimants envers autrui, car nous sommes tous le reflet les uns des autres. Ce que l'autre fait qui me dérange n'est que le reflet d'une partie de moi que je n'accepte pas encore de m'avouer. Quand nous jugeons que l'autre n'est pas à la hauteur de sa situation, nous nous exposons à vivre la même chose nous aussi, à être jugés par autrui parce que nous ne semblerons pas à la hauteur lors d'un prochain défi.

Chaque être humain a son propre chemin. Certains peuvent avoir besoin de plus d'épreuves dans cette vie pour pouvoir enfin ouvrir leur cœur. D'autres semblent être nés pour le bonheur. La plupart alterne entre les phases de bonheur et celles de défis.

Nous n'avons pas à juger les choix des autres, ni leur chemin, ni leur manière de vivre. Notre chemin n'est pas meilleur que le leur : il est différent, car nous sommes différents. TOUS les chemins mènent, tôt ou tard, à la conscience, à l'Amour, à la reconnaissance de qui nous sommes.

Ce n'est jamais le chemin que l'on choisit qui importe ou qui devrait prouver la qualité d'une personne : ce sont les apprentissages que l'on en fait qui comptent.

Aucun d'entre nous n'est ni supérieur, ni inférieur aux autres. Aucun chemin, aucune voie n'est meilleure qu'une autre. *Toutes les âmes se rejoignent un jour.*

Notre vie sur terre nous demande de développer la compassion et l'Amour inconditionnel. Tant que nous choisirons le jugement plutôt que l'Amour, il nous sera donné d'expérimenter à notre tour cela même que nous jugeons, le jugement plutôt que l'Amour. Nous avons, chacun d'entre nous, exactement les défis dont nous avons besoin en ce moment pour apprendre à aimer, à s'aimer, à aimer la Vie. Notre chemin n'est ni plus difficile, ni plus facile que celui des autres : c'est le nôtre, c'est celui que nous avons choisi pour apprendre à aimer inconditionnellement.

Accepter chacun de nos bouts de route en toute conscience et avec ouverture du cœur, c'est le seul moyen pour apprendre à être heureux, un pas à la fois. C'est ainsi que nous intégrons l'apprentissage et que nous nous délestons du superflu. C'est ainsi que nous apprenons à aimer. Car au final, seul l'Amour compte.

Plus nous jugeons, plus nous sommes jugés. Plus nous aimons, plus nous sommes aimés. Le choix est simple, non ?

La vie nous comble toujours exactement au même niveau que nous sommes prêts à recevoir

En effet, la Vie nous comble toujours exactement au même niveau que nous sommes prêts à recevoir. Non pas comme nous PENSONS être prêts, mais comme nous le SOMMES vraiment, au fond de notre cœur.

Évidemment, nous voulons presque tous recevoir beaucoup de la Vie, que ce soit en amour, en affaires, dans l'abondance, les amitiés, la santé, la famille, etc. Nous demandons, prions peut-être et espérons toujours plus. Mais la plupart d'entre nous sommes encore aux prises avec ce que nous CROYONS mériter. Parfois, nous voyons des gens heureux, ou bien nantis, qui ont ou font ce à quoi nous rêvons mais nous nous disons peut-être : « Qu'ils sont chanceux ! Que j'aimerais en avoir autant, faire ce qu'ils font, vivre ce qu'ils vivent ! Mais ce n'est pas pour moi, ça... ! Je ne suis pas né dans la bonne famille, là d'où je viens, cela ne se peut pas... »

Si nous nous tenons ce genre de discours, ne nous étonnons pas de ne pas vivre ce que nous voulons ! Nous nous auto sabotons sans cesse, répétant ad nauseam les mêmes scénarios, les mêmes jérémiades. Que sommes-nous prêts à recevoir ? À accueillir dans notre Vie, à faire de la place dans nos croyances pour permettre à l'abondance sous toutes ses formes de faire partie de notre quotidien à tous les niveaux ?

Croyons-nous que le Grand Amour existe ? Que les âmes sœurs peuvent se rencontrer et vivre dans le bonheur et l'Amour complet ? Croyons-nous que nous pouvons développer notre richesse matérielle en faisant le bien ? Croyons-nous que nous pouvons avoir une vie de rêve, à voyager, faire le bien, être entourés de magnifiques personnes, aimer et rire toute la journée et nous coucher heureux ? Si ces petites descriptions créent une crispation en nous, c'est que nous ne sommes pas prêts à recevoir tout ce que la Vie a à nous offrir. C'est ainsi que nous bloquons continuellement le flot de l'abondance, de l'Amour, de la joie, des relations significatives, du bonheur.

La Vie est abondance pour tous... pour tous ceux qui y croient ! Si nous nourrissons quelque doute que ce soit, dans un domaine ou un autre, alors nous ne connaîtrons pas l'abondance dans ce domaine en particulier. Où réside notre manque, là se trouve l'endroit où notre cœur a besoin de s'ouvrir à l'abondance de la Vie. Quand on sait vraiment au fond de notre cœur que nous pouvons goûter au meilleur de la Vie, nous ouvrons toutes grandes les valves de l'abondance à tous les niveaux. Et nous pouvons alors partager notre joie avec ceux qui ont encore besoin d'un petit coup de pouce pour s'ouvrir à la Vie et l'accueillir à bras ouverts !

Se respecter ou respecter sa promesse ?

Il nous arrive tous de faire des promesses que nous sommes persuadés pouvoir tenir toute notre vie. Pourtant, la Vie change continuellement et nous changeons aussi. Nous nous retrouvons alors avec de vieilles promesses que nous nous sentons obligés de respecter alors que nous ne sommes plus du tout à la même place qu'au moment où nous avons prononcé notre engagement.

Nous nous sentons alors coincés : devons-nous respecter notre parole, tenir notre engagement et faire ce que nous nous étions engagés à faire, au détriment de notre bonheur, de notre santé de notre bien-être, de notre intuition ? Ou devons-nous nous respecter suffisamment pour avoir le courage de sortir de notre promesse, ou de la modifier, en expliquant brièvement à la personne concernée les raisons de notre désistement, au risque de lui déplaire ou de la perdre, afin de vivre en paix et en harmonie avec soi-même ?

Se respecter ou respecter sa promesse ?

S'aimer ou éviter de déplaire ?

Il va de soi que malgré la déception, la peine, la colère, le rejet que peut causer notre désengagement, nous devrions écouter notre voix intérieure qui nous indique toujours ce qui est bon pour nous et ce qui ne l'est pas ou ne l'est plus. Car vivre avec une promesse qui n'a plus de sens pour nous, c'est se faire violence chaque jour pour respecter quelque chose qui n'a forcément plus sa raison d'être. C'est manquer de respect envers soi-même.

Il ne s'agit pas de faire des promesses en l'air sans s'engager ni de se désengager comme on change de chemise ! Il ne s'agit pas non plus d'agir avec désintérêt ni égoïsme. En restant dans le cœur, tant dans la promesse que dans le désengagement, il faut avoir de la compassion pour la déception de l'autre, mais certes pas de culpabilité car nous avons fait de notre mieux.

Certaines promesses ne devraient sans doute jamais être faites, notamment celles dont les conditions de réalisation sont hors de notre contrôle. C'est comme promettre qu'il fera beau durant toutes vos vacances, alors que personne n'en est assuré ! On peut souhaiter, espérer, manifester le désir profond que certaines choses se réalisent pour l'autre, mais on ne peut pas toujours promettre ce sur quoi nous avons bien peu de pouvoir.

Un engagement est une chose sérieuse, mais il a parfois une date d'expiration que nous devons accepter, malgré toutes nos envies. Faire une promesse est un acte de foi, un élan du cœur, un désir profond d'assumer pleinement tout ce que nous manifestons dans cette promesse et notre sincérité au moment de la faire ne saurait être remise en question. Une promesse est un acte d'amour. Mais puisque nous évoluons, nos valeurs, nos priorités, nos promesses peuvent évoluer aussi. Nous ne pouvons pas demeurer exactement la même personne qu'il y a 20 ans. Si nous maintenons le cap que la personne la plus importante dans notre vie sera toujours nous-mêmes, alors il devient plus facile de comprendre qu'il vaut mieux se respecter que de se faire violence pour ne pas déplaire ou ne pas faire de peine à quelqu'un.

Même dans notre désengagement, nous pouvons insuffler tout l'Amour que nous portons, de sorte que l'autre ne se sente pas trahi et qu'il soit inspiré par notre intégrité. Car être intègre, c'est se respecter afin de pouvoir vivre en paix. Tout ce qui nous coûte notre paix intérieure coûte trop cher ! Promettons-nous plutôt de toujours nous respecter. Et faisons en sorte de toujours tenir cette promesse.

Rêve inachevé

Certains rêves nous tiennent en vie toute notre vie. D'autres passent et s'éteignent pour permettre à de nouveaux rêves de naître et de prendre forme dans notre cœur. Certains rêves tenaces nous semblent si importants pour notre épanouissement que nous refusons parfois d'y renoncer, nous créant ainsi des souffrances que nous aurions pu éviter si nous avions été davantage dans l'accueil. Il faut alors savoir marcher sur le fil ténu qui sépare la persévérance de l'entêtement, le lâcher-prise de l'abandon. Il faut savoir quand tenir bon et quand laisser aller.

Parfois certains rêves s'évanouissent, car les conditions nécessaires à leur réalisation ne sont pas réunies. J'ai ainsi perdu l'un de mes rêves aujourd'hui. Évidemment, la déception est présente. Mais encore plus grande est la certitude que la Vie a en réserve quelque chose de mieux. En accueillant la tristesse qui vient avec la déception, je m'autorise à ressentir ma vulnérabilité sans renier ni refouler ces émotions. Et je peux ainsi passer plus rapidement et avec enthousiasme à l'expectative de quelque chose de plus grand. Comment la Vie me surprendra-t-elle encore ?

Sans aucun doute, la Vie nous protège toujours, peu importe l'investissement que l'on met dans la poursuite de notre rêve. Les décisions que nous prenons, les actions que nous posons en voulant réaliser notre rêve ne sont jamais perdues. Elles nous servent d'apprentissage pour une prochaine étape, comme une pratique pour mieux maîtriser notre propre rôle dans notre propre vie.

Peut-être ne comprenons-nous pas pourquoi, après tant d'efforts, notre rêve ne se réalise pas. Alors nous cherchons ce que nous aurions pu faire de plus, de mieux. En vain. Pourtant, chercher à comprendre est l'un des pièges les plus pervers qui soient car nous évitons alors de ressentir. En ramenant tout au mental, nous fuyons les sensations de notre corps qui nous parlent et les émotions qui nous envahissent, les deux étant cruciales pour notre évolution. Nous nous privons ainsi d'un apprentissage essentiel dont nous avons besoin.

Peut-être aussi justement, le fait de devoir fournir trop d'efforts pour réaliser un rêve tient-il de notre manque de présence et d'ouverture à la vie. Ce qui est fluide se réalise facilement tandis que ce qui demande des efforts et du travail démesuré devra être maintenu avec autant d'efforts et de travail. La Vie nous indique toujours le chemin apprendre. Elle nous parle constamment mais nous l'écoutons bien peu !

TOUT nous sert dans chaque expérience, que nous atteignons notre but ou pas. Le voyage est beaucoup plus important que la destination. Chaque expérience nous demande d'être totalement présents à nous-mêmes, d'être dans la conscience de ce que nous sommes en train de vivre. Pas pour l'analyser : pour le ressentir. C'est comme ça que nous apprenons et que nous évoluons.

Suivez le guide !

Nous mettons beaucoup d'énergies et d'efforts à obtenir ce que nous voulons. Parfois, nous nous perdons même de vue dans le processus. Plutôt que de fournir le minimum d'efforts nécessaires, nous forçons tant et si bien que nous contraignons la réalité ou les autres à obéir et à répondre à nos attentes.

Nous voilà ainsi enrôlés dans une spirale sans fin qui nous demande de toujours faire plus pour avoir plus, et de forcer encore plus fort si cela ne fonctionne pas assez vite à notre goût. Nous nous laissons croire que nous aurons le dessus sur la grande Sagesse de la Vie et que les choses finiront bien par tourner comme nous le voulons.

Peut-être, peut-être que dans sa grande magnanimité, la Vie nous concèdera parfois ce à quoi nous semblons tant tenir, au vu des efforts et de la contrainte que nous y mettons. Mais n'oublions pas que, comme le dit si joliment Gregory Mutombo, « tout ce qui s'obtient par l'effort et la contrainte devra être conservé par l'effort et la contrainte »...

Cela signifie que si, au bout des efforts incommensurables que nous mettons pour réaliser notre entreprise, nous obtenons enfin ce à quoi nous tenons tant, nous devrons déployer la même quantité d'énergies, d'efforts, de temps et parfois d'argent pour conserver ce que nous avons si chèrement acquis. Et ce, tout au long du temps que nous voudrons conserver cet acquis.

Tandis que lorsque nous opérons dans la fluidité, suivant le courant de ce qui est facile et fluide, évitant ce qui semble complexe ou compliqué, les choses finissent par se réaliser avec aisance et souvent avec des résultats bien au-delà de ce que nous avions énoncé au départ comme souhaits pour nous mettre en action.

Suivre le courant de la Vie est difficile pour notre ego, qui veut toujours tout diriger, mais si facile pour notre âme, qui avance avec confiance et qui fait équipe avec la Vie.

Chaque année, un mot détermine mon apprentissage principal de l'année en cours. Il y a quelques années, c'était le mot fluidité. En expérimentant toutes les formes de fluidité et en évitant tout ce qui n'était pas fluide, on se rend vite compte que la Vie est tellement plus simple que nous croyons quand nous suivons le chemin qu'elle nous trace plutôt que de vouloir imposer notre volonté. C'est une grande leçon de Vie, au cours de laquelle il faut calmer notre ego car il est rarement satisfait s'il ne décide pas tout ! Toutefois, en concentrant notre attention sur la fluidité plutôt que sur les difficultés, c'est toute notre vie et notre énergie qui s'en trouvent bonifiées.

Cessons de nous battre, de forcer, d'imposer notre volonté par la contrainte et faisons corps avec le mouvement de la Vie en suivant la fluidité dans toutes nos décisions et nos actions. Ce qui n'est pas fluide devrait être mis de côté chaque fois que c'est possible. Suivez le guide ! La Vie connaît mieux notre chemin que nous-mêmes !

Comment lutter contre une emprise

Dernièrement, une lectrice me demandait comment lutter contre une emprise d'un membre de sa famille élargie. Comment fait-on pour empêcher quelqu'un de venir gâcher notre vie ?

Et bien en fait, on ne lutte pas contre une emprise : on l'accueille et on demande à voir ce que cette situation a à nous apprendre sur NOUS. Pas sur l'autre, sur nous !

On n'empêche personne de venir gâcher notre vie ! Personne n'a le pouvoir de faire ça ! Il n'y a que NOUS, encore une fois, qui octroyons ce pouvoir aux autres lorsque nous ne sommes pas suffisamment conscients du pouvoir que nous avons sur notre propre vie.

Nous ne sommes jamais victimes des autres. Pourtant, beaucoup d'entre nous aimons croire que nous le sommes ! C'est tellement plus facile d'accuser les autres que de regarder en nous ce qui a besoin de notre attention et d'en prendre soin.

Tout ce qui nous arrive n'est JAMAIS l'affaire des autres ! Les autres ne sont que des révélateurs de nous-mêmes, tout comme nous sommes révélateurs pour eux. Nous nous apportons mutuellement, bien que souvent inconsciemment, tout ce qu'il faut pour nous éveiller à plus de conscience, à une meilleure connaissance de soi, à un dépouillement personnel porteur de liberté individuelle.

Vouloir faire porter à l'autre, aux autres, le poids de nos émotions c'est refuser de prendre nos responsabilités. Nous sommes tous responsables de nos propres réactions face à tout ce que nous vivons. Si nous sommes dérangés, perturbés, affectés par ce que les autres, nous semble-t-il, nous font vivre, alors c'est en NOUS qu'il faut aller chercher la racine de cette émotion, probablement rattachée à une vieille mémoire enfouie qui nous gruge depuis trop longtemps.

L'emprise dont nous devons nous libérer, ce n'est pas celle des autres. C'est celle de nous croire victimes des autres.

C'est en acceptant la responsabilité de nos réactions que nous apprendrons à vivre libres. Pas avant.

Avance, et le chemin apparaîtra

Que nous soyons à la croisée des chemins ; que nous ne sachions plus ce que nous devons faire ; que nous ayons une décision difficile à prendre ou que nous sentions que nous devons faire un virage dans notre vie, il n'est pas toujours facile de savoir quel est le prochain pas à faire.

Nous hésitons, nous analysons, nous réfléchissons, nous avons peur, craignant de nous tromper, de faire le mauvais choix, d'aller dans la mauvaise direction, de le regretter.

Pourtant, un nouveau chemin nous est proposé à chaque instant, bien que nous n'en soyons pas conscients la plupart du temps. Nous n'en sommes pas conscients parce que nous fonctionnons presque sur le pilote automatique et maintenons un statu quo rassurant, jusqu'au jour où notre prétendue zone de confort habituelle devient soudain inconfortable. Les aléas de la vie, les décisions des autres, la maladie, les conditions extérieures et nos propres sentiments intérieurs viennent parfois remettre en question ce que nous avions cru jusque-là acquis et solide.

Tout nouveau chemin, tout nouveau défi qui nous est proposé fait appel à notre élan intérieur : est-ce que cet élan vibre pour suivre cette nouvelle voie, même si la peur nous fait hésiter ? Ou si au contraire rien ne nous interpelle dans ce qui semble être une nouvelle opportunité. Si nous vibrons aux nouvelles perspectives qui apparaissent, c'est qu'il est temps d'avancer et de faire confiance à la Vie, même si nous ne connaissons pas l'issue de cette nouvelle aventure.

Si nous attendons d'avoir toutes les réponses, toutes les assurances, toutes les certitudes avant d'avancer, nous n'avancerons jamais. Mais si nous osons faire le premier pas, le chemin apparaîtra. Puis le suivant, et ainsi de suite. C'est la Foi en la Vie qui permet d'avancer, pas les statistiques de réussite !

C'est l'élan de notre cœur qui devrait déterminer notre réponse à ce que la Vie nous propose comme nouveau chemin. Si la peur nous envahit à l'idée de faire le premier pas, rappelons-nous que rien n'est trop grand quand on suit sa propre voie.

Et même si nous ne savons pas où nous mènera cette nouvelle aventure, car nous ne voyons pas toujours toute la route qui se dessine devant nous, avançons, et le chemin apparaîtra.

Quel que soit le chemin...

Plus on avance dans la Vie, plus on réalise que tous les chemins convergent au même endroit.

Quelles que soient nos expériences, elles ont toutes pour but de nous ramener à cet endroit si riche de connaissance et de joie.

Pourtant, nous passons un temps fou à chercher le bon chemin à prendre pour ne pas nous égarer. Nous pesons le pour et le contre de chacune des routes qui s'offrent à nous, sans réaliser qu'elles ont toutes la même destination.

Bien entendu, le trajet varie selon nos choix, selon nos vibrations, nos croyances, selon les apprentissages que nous avons besoin de faire, selon les guérisons que nous devons envisager.

Nous prenons ce qui nous semble parfois des détours, et pourtant, au final, tous les chemins nous ramènent à la même place. Nous ne pouvons donc PAS faire d'erreur lorsque nous choisissons une direction plutôt qu'une autre, un chemin plutôt qu'un autre, la décision A plutôt que la décision B. Tous nos choix, toutes nos routes ne servent qu'à nous éveiller à ce que nous sommes vraiment.

Tous les chemins nous ramènent à Soi. Ils ont tous pour but de nous permettre d'expérimenter ce dont nous avons besoin pour avancer en conscience et pour ouvrir notre cœur à l'Amour.

Nos angoisses ne nous servent donc pas à mieux choisir, puisque la route que nous emprunterons sera toujours celle dont nous avons besoin à ce moment-là pour grandir.

Cette façon d'envisager la Vie nous libère d'un poids énorme, enlève le stress inutile et fait disparaître la peur de se tromper.

Tout est là, à chaque instant. Que cela nous plaise ou non, nous avons toujours exactement ce dont nous avons besoin en ce moment précis pour apprendre à aimer mieux.

C'est ça la vraie la Foi en la Vie, c'est la confiance absolue que rien ne peut nous éloigner de notre propre chemin puisque tous les chemins nous ramènent à nous.

Alors, bonne route !

Quand trop de tolérance engendre la souffrance

Dans notre grand désir d'être de bonnes personnes compréhensives, aimantes, altruistes et tolérantes, il arrive parfois que nous nous perdions de vue. Nous risquons alors de tolérer trop longtemps une situation destructrice, par amour, croyons-nous, pour l'autre, ou par besoin de grandir à travers cette situation ou cette épreuve, comme notre ego se plaît à l'appeler.

Nous tentons de comprendre, d'excuser l'autre, de voir sa souffrance au-delà de celle que la situation nous inflige. Dans notre désir d'être bons pour l'autre, de ne pas le laisser tomber, de le supporter dans ses difficultés, nous oublions d'être bons pour nous- mêmes, nous nous laissons tomber, nous ne nous offrons aucun support. À force d'être trop tournés vers le bien-être des autres, donc à l'extérieur de nous, nous négligeons de nous préoccuper de notre propre bien-être et de revenir à l'intérieur de nous, là où tout prend forme, là où l'Amour pour soi doit régner avant de s'occuper de qui que ce soit.

Dans ces circonstances, notre trop grande tolérance engendre une souffrance incommensurable, une souffrance dont nous nous sentons parfois coupables parce que nous sommes trop empathiques à celle de l'autre. Rien de bon ne peut émerger du fait de se renier autant, au point de ne plus ressentir notre propre douleur. Notre corps, notre âme nous parlent sans arrêt, mais lorsque nous sommes constamment tournés vers l'extérieur, nous n'entendons plus les messages intérieurs que nous envoient nos principaux alliés.

Tant de gens demeurent ensemble malgré une souffrance devenue leur quotidien. Tant de personnes endurent une situation intolérable en croyant faussement que c'est ça la vie. Tant d'êtres humains croient que leur situation est sans issue, que leur souffrance est inévitable, que c'est peut-être ça la Vie au fond.

Non ce n'est pas ça la Vie au fond ! La Vie ne nous demande pas de souffrir pour prouver que nous sommes une bonne personne. Elle nous demande d'aimer. Mais aimer, cela ne veut pas dire tout tolérer, cela ne signifie pas souffrir, cela ne nous demande pas de nous renier sans cesse.

Il n'y a jamais de situation sans issue. Toute souffrance ne nous demande qu'une chose : de revenir vers nous pour trouver ce dont nous avons à nous libérer, nos fausses croyances, nos blessures, notre manque d'amour envers nous-mêmes.

Nous pouvons aimer mais ne plus tolérer ce qui nous est devenu intolérable. Cela, c'est s'aimer véritablement. Nous pouvons continuer d'avoir de la compassion pour l'autre, mais avoir encore plus de respect envers nous-mêmes pour nous extirper de situations qui nous font du mal, qui nous détruisent, qui ne sont pas saines pour nous. Nous pouvons nous aimer et aimer suffisamment l'autre pour nous tenir debout et nous dire que cela suffit maintenant.

En tout temps, quelles que soient les circonstances et malgré toutes nos fausses croyances, nous pouvons NOUS choisir. Choisir notre bonheur, notre paix intérieure, notre harmonie, notre santé. En tout temps, nous pouvons choisir de nous aimer. Dès lors, nous ne voulons plus de ce qui nous fait souffrir et nous nous en éloignons, pour de bon.

Votre lumière ne s'éteindra jamais

Peu importe ce qui nous arrive dans la Vie, quel que soit le niveau de noirceur qui nous entoure ou que nous maintenons dans notre vie, il existe au fond de nous une magnifique lumière éternelle, celle de notre âme, reflet pur et absolu de tout notre être.

Que nous soyons profondément bons ou que nous n'ayons pas encore découvert notre douceur, que nous soyons millionnaires ou mendiants, notre lumière est là depuis la nuit des temps et y restera pour toujours. Elle traverse les époques, les guerres et les famines, les difficultés et le chaos et quoi que nous décidions, elle continue de briller en nous malgré notre négligence à son endroit.

Parfois elle vacille. Du moins, c'est l'impression qui nous habite lorsqu'il nous semble que plus rien ne va. Mais l'aube est toujours précédée de la plus grande noirceur, tout comme notre éveil est précédé d'une période de perte de repères, de manque de stabilité, d'insécurité et de peurs parfois irraisonnées. Mais toujours, notre lumière nous habite, là, tout au fond de notre cœur, là même où nous oublions trop souvent de la chercher.

Car nous sommes plus facilement enclins à partir à la recherche d'êtres qui nous éclaireront, qui nous guideront plutôt que de nous rappeler que nous portons en nous notre propre fanal, notre propre guide qui jamais ne se trompe.

Peu importe les périodes de découragements, les exaspérations, l'ampleur des difficultés, l'impression de sans issue, notre lumière intérieure est toujours là : elle n'attend que nous ! Que nous la retrouvions au fond de nous, que nous soufflions sur ses braises pour la ranimer, l'attiser davantage, lui donner de l'oxygène plutôt que de l'étouffer et lui permettre enfin de prendre toute la place pour éclairer notre chemin. Il ne fait jamais noir quand nous laissons notre lumière éclairer ce qui ressemble aux ténèbres.

Maintenant, la puissance de votre lumière dépend de vous : soit vous la cachez aux yeux du monde et à votre propre conscience, soit vous la laissez briller de tous ses feux et réchauffer tous les cœurs que rencontrerez. Pour que la lumière brille dans notre monde, nous devons d'abord la laisser briller en nous. Mais quoi que vous décidiez, quoi que vous fassiez, votre lumière ne s'éteindra jamais.

À la diète !

Avez-vous remarqué comment nous nous soumettons assez facilement à la diète physiquement alors que nous répugnons à le faire au niveau de notre vie ?

Lorsque nous avons l'impression d'avoir un surplus de poids, nous nous mettons volontairement, ou pas, à la diète, pour retrouver plus d'énergie, un poids santé, une meilleure santé. Pourtant, dans notre vie, nous surchargeons constamment notre quotidien de tellement de choses que nous ployons sous le poids de nos projets, de nos obligations, de nos désirs, de notre ego.

Même lorsque nous voulons ralentir, nous recevons toutes sortes de propositions alléchantes, de projets stimulants, de collaborations engageantes et porteuses de sens, de défis qui nous permettent de nous mesurer à nous-mêmes. Et nous disons oui, par peur de dire non, ou par peur que tout cela ne se présente plus si nous les refusons maintenant. Alors nous devenons esclaves de nos désirs, de notre ego, de nos envies mais nous renions notre physique, nos besoins primaires, notre niveau d'énergie vitale, notre véhicule terrestre par peur de manquer le bateau.

Pourtant, la Vie est abondance. Elle nous proposera toujours de nouveaux projets, de nouveaux défis, de nouvelles collaborations, de nouvelles opportunités. Nous ne sommes pas tenus de tout accepter maintenant ! Le défi est là, justement : qu'est-ce que nous acceptons tout en respectant nos propres limites, nos besoins physiques et spirituels, notre capacité physique, l'espace-temps qui nous est accordé ?

Sommes-nous capables de nous respecter suffisamment, de nous aimer assez pour dire non à cela même qui nous stimule au plus haut point mais que nous ne sommes pas capables « d'accoter » maintenant, parce que notre disposition physique ou énergétique ne nous le permet pas pour l'instant ?

Ce n'est pas parce que tout le buffet nous est proposé en même temps que nous devons tout manger ! Une fusée ne peut pas s'envoler si trop de poids la plombe et l'empêche de décoller ! Il nous faut lâcher du lest !

Le début de la sagesse, c'est de pouvoir accepter ce que nous pouvons accepter, de ne pas nous en demander plus que ce que notre corps peut accueillir en ce moment, de ne pas nous épuiser par peur de manquer quelque chose. Soyons au clair avec la Vie : bien que tout nous tente, nous ne pouvons pas tout réaliser en même temps. Nous avons des limites physiques et temporelles et ce sont elles qui déterminent notre capacité à réaliser ce nous voulons.

Accueillons ce qui nous est proposé, mais nous ne sommes pas obligés de tout accepter. Choisissons avec sagesse ce qui nous parle le plus, et reportons ce qui ne nous semble pas réaliste pour l'instant. Soyons bienveillants envers nous sans nous forcer ni nous surcharger. Nous n'avons pas à nous épuiser pour tout faire. Il ne nous est demandé que d'aimer. Le reste, c'est du surplus, du surpoids !

Être efficace : est-ce vraiment une qualité ?

Êtes-vous efficace ? Êtes-vous le genre de personnes qui impressionnez votre entourage par votre grande efficacité, votre énorme capacité de travail, votre sens de l'organisation exceptionnel, votre performance inégalée à jongler habilement avec des tas de tâches en même temps ?

Mais à quel prix ? Combien vous coûte votre efficacité ? Que reste-t-il pour vous une fois que vous avez fait tout ce que vous aviez à faire ?

Beaucoup d'entre nous sommes fiers lorsqu'on reconnaît notre efficacité, notre performance. Nous ne voyons pas qu'à ce compliment est attaché un boomerang qui fait en sorte que plus on nous dit que nous sommes performants, plus nous avons envie, ou même besoin, de prouver que nous le sommes davantage ! Nous entrons dans une spirale où chaque fois que notre ego de performance est flatté, il redouble d'ardeur pour recevoir à nouveau sa nourriture faite de compliments et parfois aussi de manipulation. Car, ne nous le cachons pas, plus nous sommes performants et efficaces, plus il est facile pour les autres de nous en demander encore plus car nous y répondrons ventre à terre.

Et c'est probablement l'état dans lequel nous nous retrouvons une fois que nous avons bien démontré, encore une fois, que nous méritons cette reconnaissance d'efficacité !

Il est tellement facile de se perdre dans l'efficacité et la performance. Nous donnons sans cesse, nous produisons comme des forcenés, nous suons sang et eau et tout cela, volontairement ! Pour être aimés, être reconnus, être valorisés pour ce que nous faisons. Pas pour ce que nous sommes : pour ce que nous faisons ! Savez-vous que les perfectionnistes efficaces sont les plus sujets au burnout ? En répondant toujours présents aux tâches à faire, ils perdent peu à peu contact avec leurs propres besoins et leurs limites. À force d'être efficaces et performants, nous finissons par nous brûler.

L'efficacité semble être une qualité créée pour valoriser notre société de consommation, de concurrence et de performance. Ce n'est certes pas un défaut. C'est très nourrissant pour notre ego mais pas pour notre âme. Cela peut devenir nuisible pour nous chaque fois que nous nous y égarons.

Il fût un temps où j'étais heureuse de me faire dire que j'étais donc efficace ! Aujourd'hui, si je reçois ce commentaire, je m'arrête et je me pose de sérieuses questions : « Suis-je encore là pour moi ou n'y suis-je que pour les autres ? Qu'est-ce que j'essaie de prouver, là, maintenant ? À qui ? Et pourquoi ? »

La Vie ne nous demande pas d'être efficaces, ni performants, ni de travailler sans relâche pour prouver notre valeur. Elle nous demande d'ÊTRE, ici, maintenant, pleinement et totalement soi. Et d'aimer, de s'aimer et d'aimer les autres. Aucune notion d'efficacité ici ! Ni de performance. Juste une qualité d'être que nous ne pouvons retrouver que dans le calme et le temps pour soi. Prendre le temps de se déposer pour se poser en soi.

Il s'achève le temps de la performance à tout prix pour être reconnus et avoir de la valeur aux yeux des autres. Place à notre qualité de présence à soi, afin d'offrir une qualité de présence aux autres. Pas de performance : juste une présence attentive, aimante, dans l'authenticité d'être enfin soi-même et de s'être débarrassé de tous ces diktats qui nous éloignent de nous.

Moins de performance. Plus de présence. Moins d'efficacité. Plus d'authenticité.

Êtes-vous dans votre vie ?

Vivez-vous votre vie ou bien êtes-vous trop occupé à aider les autres à vivre la leur comme vous pensez qu'ils devraient ou pourraient la vivre ? Répondez-vous à vos besoins ou bien êtes-vous trop occupé à répondre aux besoins des autres ?

Nous sommes bien plus souvent dans la vie de l'autre que dans la nôtre ! Lorsque nous disons à l'autre quoi faire, lorsque nous donnons des conseils non sollicités, lorsque nous pensons à sa place, lorsque nous sommes persuadés de savoir mieux que l'autre ce dont il a besoin, nous ne sommes pas dans notre vie, nous sommes dans celle de l'autre.

Certaines personnes décident pour les autres en choisissant ce qu'elles croient être bon pour eux comme en faisant les choix à leur place, en déterminant qu'elles ont besoin de repos et en organisant même ce temps de repos. Bien que cela parte d'une bonne intention, tout ce temps que nous consacrons à penser, agir, décider et choisir pour l'autre, nous ne sommes pas dans notre vie, nous sommes dans la sienne.

Lorsque nous voulons aider à tout prix, lorsque nous critiquons ce que l'autre fait, lorsque nous tentons de lui éviter des apprentissages douloureux mais essentiels, nous sommes dans la vie de l'autre. Lorsque nous tentons de trouver des excuses à l'autre, que nous interprétons ses agissements sans vérifier, que nous faisons à sa place, que nous lui prêtons des intentions, des pensées, des émotions sans valider, nous sommes dans sa vie, pas dans la nôtre.

Beaucoup d'entre nous passons la majeure partie de notre vie à nous nier à un tel point que nous sommes aux abonnés absents quand il est question de notre propre vie et de nos propres besoins alors que nous répondons toujours présents aux besoins des autres. Nous aimons tellement jouer au sauveur que nous oublions d'être présents à nous-mêmes. Chaque fois que nous jouons au sauveur, nous nions la réalité telle quelle est, en estimant que l'autre devait vivre une autre réalité meilleure que celle qu'il vit, et donc, nous nous efforçons de le sauver pour le sortir de sa réalité actuelle. Mais qui nous dit que ce n'est pas exactement de cette réalité actuelle dont il a besoin ?

Et puis chaque fois que nous sommes dans les affaires de l'autre, nous ne sommes pas dans nos affaires. Nous nous fuyons, nous nous nions, nous cherchons à offrir au dehors ce que notre être profond réclame à grands cris au-dedans de nous. Nous sommes tellement présents aux autres que nous sommes absents à nous-mêmes !

Chacun est libre de ses choix et de ses décisions, même quand il semble que nous ayons peu de choix ! Personne n'a besoin d'intervenir dans la vie de l'autre, fusse-t-il notre enfant maintenant adulte.

Vouloir décider pour l'autre, c'est lui enlever, même avec les meilleures intentions du monde, la liberté d'être ce qu'il est. Nous l'empêchons peut-être d'apprendre une leçon essentielle, de développer une qualité importante, d'assumer les conséquences de ses choix pour apprendre à faire de meilleurs choix, de déterminer ce qui compte pour lui.

Et surtout, chaque fois que nous sommes dans la vie de l'autre, nous ne sommes pas dans la nôtre ! Pourtant, rien n'est plus important que d'habiter pleinement notre vie, de faire nos propres choix, de s'autodéterminer, d'assumer pleinement qui nous sommes, de prendre nos responsabilités. Si nous passons notre temps dans la vie des autres, c'est un signe que nous fuyons probablement la nôtre et qu'il est grandement temps d'y revenir !

Chaque fois que nous sommes tentés d'intervenir dans la vie de l'autre, ouvertement ou même seulement en pensée, demandons-nous si cette intervention ne s'applique pas plutôt à nous-mêmes, si nous ne sommes pas en train de nous fuir, si nous nous croyons supérieurs à l'autre, si notre vie n'est pas en train d'attendre après nous que nous la rejoignons ! Chaque fois que nous ressentons une tension intérieure, demandons-nous où nous sommes : sommes-nous dans la vie de l'autre ou dans la nôtre ?

Mettons de l'ordre dans notre vie, dans nos pensées, dans nos croyances, dans nos choix plutôt que de tenter de faire à la place de l'autre. Apprenons à nous rencontrer, en nous. Allons à la découverte de ce que nous sommes devenus, car il semble parfois que nous nous soyons perdus de vue depuis tellement longtemps. Revenons vers cette personne avec qui nous vivrons le reste de notre vie pour voir comment nous allons et prendre soin de ce qui a tant besoin de notre attention en nous. Car comment accueillir l'abondance de la Vie si nous ne sommes pas d'abord présents à nous ?

La présence, c'est en nous qu'elle se découvre, qu'elle se déploie, qu'elle se vit et s'anime. La conscience, c'est ce que nous sommes une fois que nous nous sommes rencontrés.

C'est notre vie qu'il faut vivre, pas celle des autres. Chacun est responsable de sa propre vie.

Vous voulez sauver du temps ?

Alors soyez honnête !

Oui en effet, l'honnêteté nous sauve du temps !

Si vous y pensez bien, nous passons un temps fou à nous dépêtrer de nos mensonges, petits et grands. Combien de fois ne disons-nous pas la vérité, en voulant éviter de faire de la peine ? Combien de fois n'osons-nous pas nous affirmer, de peur d'être rejetés ? Combien de fois compliquons-nous inutilement nos relations, de peur de nous montrer sous notre vrai jour ?

Pourtant, chaque mensonge apporte son lot de suivis à faire, d'explications à donner, de précisions à apporter, de semi-vérités à maintenir, d'excuses à demander, de conflits à régler, de discussions interminables pour expliquer le pourquoi du comment, même si notre histoire ne tient pas debout ! Aucun mensonge n'est blanc ! Tous les mensonges laissent des traces qu'il nous faut tôt ou tard régler, nécessitant beaucoup d'énergie et de temps de notre part. Même nos mensonges envers nous-mêmes !

Chaque fois que nous manquons d'honnêteté envers les autres, nous grugeons de notre temps et de notre énergie pour faire croire une réalité qui n'existe pas. Et parfois, nous nous perdons tellement dans nos histoires abracadabrantes que nous nous épuisons à force de vouloir récupérer une situation qui n'a plus aucun sens ! Mais pire encore, chaque fois que nous manquons d'honnêteté envers nous-mêmes, chaque fois que nous nous mentons, nous mettons le pied, le bras et tout le corps au final dans un engrenage qui nous consume et nous éloigne de ce que nous sommes profondément.

Et tout ça pour quoi au juste ? Pour nous faire aimer, pour ne pas blesser l'autre, pour ne pas souffrir, pour ne pas faire souffrir. Si vous vous êtes déjà fait mentir ou si vous avez déjà menti à autrui, vous savez que tout mensonge fait souffrir ! Et que tôt ou tard, la vérité émergera de ces histoires abracadabrantes et sera encore plus douloureuse que le mensonge qui tentait précisément d'éviter cette souffrance. Si vous vous mentez à vous-même, tôt ou tard vous devrez faire face à la réalité.

Alors si nous voulons nous sauver du temps, en sauver aux autres et nous épargner bien des soucis, des pertes d'énergie, de temps et de conflits, soyons honnêtes. Envers nous-mêmes, envers autrui. Car chaque fois que nous sommes pleinement honnêtes, nous honorons cette part divine qui se trouve en nous, celle-là même que nous passons notre vie à chercher. Chaque fois que nous disons notre vérité, nous nous rapprochons de ce que nous sommes vraiment... et nous sauvons du temps !

Détecteur de mensonges

Nous avons beau reprocher aux autres de mentir parfois, il semble que c'est nous qui nous mentons à nous-mêmes très souvent !

Nous nous mentons quand nous nions nos émotions, quand nous affirmons que ce n'est pas grave, alors que cela nous touche, quand nous ignorons un malaise, quand nous nous faisons croire que nous sommes meilleurs, quand nous nous créons des histoires, quand nous nions la réalité. Nous nous mentons quand nous faisons semblant que tout va bien ou au contraire, quand nous croyons nos pensées qui nous font croire que tout va mal ! Nous nous mentons quand nous ne nous respectons pas, quand nous nous faisons violence, quand nous sommes notre pire bourreau car dans ces moments-là, nous nions la perfection divine en nous.

Heureusement, nous possédons le meilleur détecteur de mensonges qui soit et qui ne se trompe jamais… notre corps !

Notre corps nous parle sans arrêt. Cette tension au niveau du plexus solaire nous indique peut-être que nous ne sommes pas confortables avec la situation actuelle. Ce mal de dos essaie sans doute de nous indiquer que nous prenons des responsabilités qui ne nous appartiennent pas. Cette fatigue inexpliquée tente de nous enseigner que les pensées que nous ruminons abaissent notre niveau d'énergie et nous épuisent. Ce léger mal de tête voudrait nous inciter à nous reposer un peu, ces papillons dans le ventre sont peut-être le signe d'un sentiment amoureux qui naît ou d'une intuition qui tente de nous guider… Bref, si nous étions davantage à l'écoute des signaux de notre corps, même s'ils sont ténus, nous n'aurions pas besoin de nous rendre jusqu'aux malaises ou maladies plus importantes pour nous arrêter et en prendre soin. Chaque fois qu'un malaise ou une fébrilité habite notre corps, nous devrions chercher à comprendre ce qu'il tente de nous dire.

Nous aurons beau nous mentir, notre corps, lui, ne nous ment jamais. Il ne passe pas par le mental et ses rationalisations pour nous parler. C'est un détecteur de mensonge en permanence qui nous indique toujours ce dont nous devons prendre soin.

Mais peut-être nous sommes-nous habitués à vivre avec tous ces petits malaises, les croyants normaux. Mais non : l'état naturel du corps, c'est la santé et le bien-être. Tout ce qui se trouve en déséquilibre devrait être adressé afin d'éviter que cela ne se complique. S'aimer, c'est aussi prendre soin de notre corps, c'est être à son écoute et l'honorer pour cette merveille qu'il est. Il répond à nos besoins, pourquoi ne répondrions-nous pas à ses signaux ? C'est notre meilleur allié, il nous faut le traiter avec respect et bienveillance.

Aimer plus ou aimer mieux ?

Nous cherchons tous l'Amour : l'amour de soi, le grand amour, l'amour qui guérit, l'amour-amitié, l'amour des enfants... Et nous croyons souvent que plus nous aimons, plus nous sommes une bonne personne, aimante, aimable et aimée.

Certes, il vaut mieux aimer beaucoup que pas assez ! Mais aimons-nous bien ? Ce n'est pas qu'il y ait différentes sortes d'amour, c'est que parfois nous aimons beaucoup... mais peut-être pas de la meilleure façon.

Si nous aimons l'autre et le comblons de cadeaux dans l'attente que notre amour nous soit retourné, nous aimons, mais pas de manière inconditionnelle.

Si nous sommes en amour fou avec une autre personne mais que notre peur du rejet, notre dépendance affective, notre jalousie ou notre besoin de contrôle vient constamment compliquer la relation, alors nous aimons, mais pas de la bonne façon.

Si nous prétendons aimer presque tout le monde, le genre humain au complet, mais que nous passons notre temps à commenter et juger les autres, alors nous aimons mais pas complètement.

Si nous aimons quelqu'un mais n'approuvons pas ses choix de vie, ses décisions, ses besoins, son entourage, alors nous aimons mais ne sommes pas dans l'Amour.

Si nous aimons beaucoup une personne, avec toute notre énergie au point de nous oublier nous-mêmes pour faire passer ses besoins avant les nôtres, alors nous aimons mais nous oublions de nous aimer.

On peut aimer beaucoup et mal aimer à la fois. Mais on peut apprendre à aimer mieux. On peut apprendre à aimer en étant dans l'état d'Amour global, celui qui ne juge pas, qui n'a pas peur du rejet, qui ne condamne pas, qui ne contrôle pas, qui n'a pas d'attente, qui laisse l'autre et soi libres, qui favorise d'abord l'Amour de soi pour aimer mieux les autres ensuite.

Aimer, c'est notre état naturel : débarrassons-nous de tout ce qui empêche cet Amour de prendre toute la place dans notre vie. Apprenons à aimer mieux, sans attente, sans jugement, sans peur. Aimer le cœur ouvert, c'est déjà aimer mieux.

Alzheimer

Terrible mot, non ? Nous sommes nombreux à vivre ou avoir vécu avec un proche atteint de la maladie d'Alzheimer. Quand le diagnostic tombe, nous avons l'impression que l'on nous enlève déjà la personne qui nous est si chère. Nous voyons ce que nous considérons comme la déchéance s'installer petit à petit, perdant, croyons-nous, de plus en plus contact avec la personne aimée.

Et pourtant...

Malgré le caractère inéluctable de cette maladie, se pourrait-il qu'il s'y cache un merveilleux cadeau pour chacun d'entre nous ?

Plusieurs d'entre vous m'avez demandé maintes fois d'écrire sur ce sujet. Ma mère adoptive, celle qui m'a élevée toute ma vie, était atteinte à la fin de sa vie de la maladie d'Alzheimer. De nombreux amis/amies vivent actuellement cette situation avec l'un/e de leurs proches. De nombreux clients ont vécu cette situation aussi.

Et chaque fois, je suis émerveillée par la puissance des cadeaux que recèle cette situation. Bien entendu, il y a un cadeau derrière chaque difficulté, mais ceux contenus par l'Alzheimer dépassent les autres en beauté. Et si ici vous résistez à ces mots, laissez-moi poursuivre doucement. Et si vous pouvez, ouvrez votre cœur.

À un certain stade de l'Alzheimer, après les premières pertes de mémoire, la phase d'agressivité et les troubles cognitifs, l'ego s'efface (enfin !) pour finir par laisser toute la place à l'âme, dans toute sa beauté, sa pureté.

Et c'est parfois à cet instant que nous pouvons vivre les plus beaux moments de notre vie avec cette personne. C'est à cette étape que ma mère m'a enfin parlé de mon adoption pour la toute première fois de ma vie en 38 ans. C'est à cet instant que la femme d'une connaissance s'est mise à lui sourire « avec ses yeux lumineux et aimants » pour la toute première fois depuis des années. C'est à cet instant que la mère de mon amoureux s'est laissée toucher avec tendresse et douceur et lui a dit pour la première fois « je t'aime ». C'est à cet instant que la mère d'une amie très chère a laissé tomber les masques et le perfectionnisme pour accueillir sa fille avec amour et tendresse. C'est à cet instant que le père d'une autre amie très chère a laissé tomber les réserves et s'est rapprochée de sa fille comme jamais auparavant.

Et si cette maladie offrait le gigantesque cadeau d'avoir accès à l'âme de la personne qui en est affectée, sans ego, sans masques, sans armures, sans blâmes et sans reproches ? Et si c'était enfin le temps de guérir des blessures passées, de faire la paix, de se dire les vraies choses, de se donner enfin cette tendresse et cette authenticité tant souhaitées ? Sans attentes ? Et si le cadeau ultime était d'apprendre à aimer inconditionnellement et de se sentir aimés inconditionnellement ?

Si l'un de vos proches en est atteint, lorsque son ego s'effacera pour faire toute la place à son âme, de grâce, offrez-vous le bonheur de la tendresse, de la douceur et de l'Amour sans condition avec cette personne, en laissant tomber vous-mêmes pour quelques instants vos masques, vos attentes, votre chagrin. Rapprochez vos âmes doucement.

Car la Vie prend parfois de drôles de chemin pour réparer ce qui ne l'a pas encore été. La Vie a toutes sortes de manière de nous montrer à aimer inconditionnellement. Et du plus profond de mon cœur, je crois que l'Alzheimer en est l'un des plus beaux chemins.

Nous ne pouvons pas changer cette maladie, nous ne pouvons pas revenir en arrière, mais nous pouvons y trouver maintenant ce que nous cherchons tous : l'Amour.

Et nous pouvons offrir à cette personne chère ce qu'elle a elle aussi cherché toute sa vie : l'Amour. Ne serait-ce pas merveilleux de partir en se sentant enfin aimé ?

Tout contribue à notre évolution. Peut-être que les gens atteints de cette maladie nous enseignent à vivre sans ego, dans la simplicité du cœur. Ils nous montrent comment nous débarrasser du superflu. Ils nous apprennent à faire face à cette réalité, à l'accueillir et à y découvrir les cadeaux qu'elle offre. Même quand les capacités cognitives s'affaissent, l'autre est toujours **notre partenaire de liberté !**

La liberté d'engagement

Comme ces mots semblent contradictoires à première vue !

La liberté ce n'est pas l'absence d'engagement. C'est la possibilité de faire des choix. Incluant celui de s'engager ou de ne pas s'engager.

Dans l'engagement, subsiste toujours la liberté d'être pleinement soi-même, de part et d'autre, de manière à ce que l'engagement soit vrai, authentique, complet et clair.

L'engagement n'est pas une prison. Ce n'est même pas une promesse faite à l'autre. C'est une présence à soi faite de conviction, de foi et d'Amour pour soi et pour l'autre dans laquelle nous choisissons, chaque instant, de nous investir pleinement, d'être totalement présents à la relation, à soi, pour que le meilleur de chacun soit offert à chaque moment.

Beaucoup de personnes ont peur de s'engager, par peur d'être étouffées. C'est souvent parce que nous croyons que l'engagement est une voie sans issue de laquelle nul ne peut sortir vivant ! Pourtant, il s'agit précisément du contraire de cela.

Il s'agit du chemin que nous choisissons d'emprunter consciemment et constamment, minute après minute, et d'y être totalement présents, de manière à ce que nous soyons là l'un pour l'autre mais surtout pour soi. C'est dans notre promesse à être authentiques vis-à-vis nous-même que réside le plus grand engagement qui soit. L'autre devient le témoin de notre engagement, mais non le gardien et encore moins le geôlier !

Nous sommes tous libres, bien que nous l'oubliions la plupart du temps. L'autre demeure toujours le partenaire de notre liberté, nous révélant à nous-mêmes afin que nous puissions nous délester de ce qui nous empêche d'être complètement vrais.

Nous avons tous besoin les uns des autres pour nous enseigner à être pleinement nous-mêmes. Tant que nous nous engageons à être authentiques, nous nous offrons tout le potentiel d'être libres vis-à-vis soi et face à l'autre.

L'engagement, c'est aussi une puissante forme de liberté. L'engagement, c'est la liberté d'être soi. Et la liberté, c'est l'engagement d'être soi !

Nous sommes responsables de notre vie

Cette phrase si difficile à accepter détient pourtant la clé de notre paix intérieure. Oui il est plus facile de blâmer les autres que d'assumer sa vie. Oui c'est plus satisfaisant, à prime abord, de mettre la faute sur nos drames personnels passés pour expliquer certains de nos comportements plutôt que de les changer volontairement. Oui au début on se sent mieux à dire que c'est la faute de... plutôt que de se demander « Pourquoi est-ce que je vis cette situation ? Qu'ai-je à apprendre ? »

Il y en aura sans doute plusieurs qui me diront : « non mais je ne suis pas responsable des abus que j'ai subis ! Non mais je ne suis pas responsable des manipulateurs dans ma vie ! Non mais je ne suis pas responsable de ma maladie ou de celle de mon enfant ».

La nuance est importante : nous sommes responsables DE NOTRE VIE ! C'est-à-dire que nous sommes responsables des réactions que nous avons face aux évènements que nous vivons ; nous sommes responsables de guérir ou non les drames du passé ; nous sommes responsables de choisir ce que nous voulons vivre maintenant plutôt que de laisser les autres, le passé, nos blessures, nos traumatismes ou que sais-je encore décider à notre place. Nous sommes responsables de ce que nous attirons dans notre vie dès le moment où nous sommes conscients que nous avons cette responsabilité.

Lorsqu'on résiste de toutes nos forces à cette phrase, c'est sans doute un signe que nous ne sommes pas encore prêts à endosser la responsabilité de notre vie. Et alors, nous continuons de subir et de blâmer plutôt que de s'arrêter et de trouver l'action juste à poser.

Être responsable, ce n'est pas non plus être coupable. Nous n'attirons pas toujours les choses à nous consciemment. Nous attirons exactement ce dont nous avons besoin pour apprendre à aimer mieux. Même, et surtout, quand cela ne nous plaît pas. Sur notre chemin se trouve toujours tout ce qu'il nous faut pour évoluer.

Le choix est toujours entre nos mains : soit nous assumons notre vie, soit nous laissons les autres colorer notre cahier de dessin à leur guise et nous en subissons les contrecoups. Ne pas vouloir choisir, c'est aussi choisir.

Nous sommes tous, chacun d'entre nous, responsables de notre vie, que nous le voulions ou non. C'est à nous de décider de ce que nous désirons y mettre ou y retirer.

Quelle liberté quand enfin nous prenons la responsabilité totale de notre vie !

La paix intérieure n'a pas de prix

Quoi que nous vivions, la paix intérieure n'a pas de prix. C'est l'appel de notre âme, c'est notre oasis interne, notre source de ravitaillement, la base de notre bonheur. Être en paix intérieurement ne se mesure à aucun autre besoin.

Combien vaut votre paix intérieure ? Qu'êtes-vous prêts à sacrifier pour l'obtenir ? Et surtout, au profit de qui ou de quoi la sacrifiez-vous en ce moment ?

Souvent, nous voulons tout : le beurre, l'argent du beurre et le sourire de la fermière en prime ! Mais cela ne fonctionne toujours pas de cette manière. Pour obtenir la paix intérieure, nous devons accepter de déplaire aux autres, de renoncer parfois, même si cela n'en fait pas une condition, à une certaine sécurité apparente.

Pour obtenir la paix intérieure, nous devons NOUS choisir, encore et encore, instant après instant, sans laisser les autres, ou les aléas de la vie nous attirer avec leurs miroirs aux alouettes.

Si notre travail, notre relation, notre environnement, nos choix de vie nous stressent, nous irritent, nous incommodent ou nous rendent malheureux, alors notre paix intérieure est vraiment enfouie sous un tas de détritus que nous croyons plus importants que notre propre paix.

Est-ce que ce penchant que nous croyons anodin nous éloigne de notre paix intérieure ? Est-ce que ce travail ressemble de moins en moins à ce que nous sommes ? Est-ce que cette relation est déjà morte et enterrée mais nous la maintenons en vie artificiellement ? Est-ce que nous choisissons des activités pour paraître, être vus, faire du marketing ou des affaires au détriment de notre paix intérieure ? Si vos choix vous coûtent votre paix intérieure, ils vous coûtent trop cher !

Plus on avance sur le chemin qui mène à soi, plus on se rend compte que notre paix n'a pas de prix. Même au risque de se lancer dans le vide sans filet de sécurité. Quand nous choisissons notre paix plutôt que l'argent ou la gloire, alors c'est qu'enfin notre estime de soi est en très bonne santé !

Je vous souhaite la paix intérieure ! Et vous savez quoi ? Une fois qu'on y a touchée, on ne veut plus jamais la perdre ! À n'importe quel prix !

Les émotions

On nous apprend très tôt à contrôler nos émotions, parfois même à les refouler : la colère, la peine, la jalousie et bien des émotions qualifiées de « négatives » ont dû être étouffées pour ne pas déroger aux conventions familiales ou sociales. Les émotions perçues plus « positives » comme la joie, l'excitation, le plaisir ont été mieux tolérées, à la condition qu'elles n'excèdent pas en intensité les standards de la famille.

Pourtant, les émotions sont le langage du corps qui nous indique toujours ce qui se passe en nous. Aucune émotion n'est ni positive, ni négative. C'est ce que nous en faisons qui complique les choses parfois ! Plutôt que de les refouler, nous pourrions nous mettre à leur écoute, les accueillir et surfer avec elles. Car une émotion non exprimée s'imprime dans le corps et ressortira tôt ou tard sous une forme moins agréable comme une maladie, une dépression, un problème quelconque.

Apprenons à faire confiance que nos émotions nous mèneront toujours à un meilleur point d'équilibre si nous les laissons s'exprimer, sans jugement et sans résistance. Quand nous jugeons une émotion comme étant négative, notre résistance l'attire encore davantage. Cette résistance peur renforcer l'émotion et parfois même la cristalliser solidement en nous. Elle risque alors de prendre plus de place et de sortir de façon inappropriée à des moments tout aussi inappropriés. Nous renforçons ainsi l'émotion même dont nous voulons nous débarrasser. Quand nous réagissons sans commune mesure à un événement que nous vivons, il s'agit sans doute d'une vieille émotion constamment refoulée qui n'en peux plus d'être coincée dans notre corps.

Tandis que si nous laissons les émotions circuler à travers nous, les observant sans les juger – « tiens ? Je me sens frustré » - et que nous acceptons de ressentir ici maintenant cette émotion même qui a un message pour nous, elle passe son chemin beaucoup plus rapidement que si nous y résistons. En l'accueillant, nous n'avons pas à la combattre ; nous la regardons, nous la ressentons, nous pouvons même voir où elle se situe dans notre corps, d'où elle origine, et nous nous ouvrons au message qu'elle veut nous transmettre. Puis nous la laissons partir. Sans drame, sans blessure, sans blâme, sans culpabilité. Simplement en la vivant au moment présent.

Au final, nous nous rendrons compte que bien peu d'émotions persistent en nous quand nous les laissons aller. En fait, une émotion est éliminée en 90 secondes par notre cerveau. Le reste du temps, c'est nous qui l'alimentons, qui la dramatisons, qui la nourrissons. Alors laissons-la passer son chemin tout doucement : notre corps et notre mental s'en porteront mieux !

Engourdir ses émotions

Nous préférons tous vivre des émotions positives, celles qui nous font du bien, qui nous rendent heureux. Mais toutes les émotions sont nécessaires à notre épanouissement, à notre dépouillement, à notre évolution.

Parfois, lorsque l'émotion ressentie fait trop mal, plusieurs d'entre nous préférons anesthésier l'émotion, l'engourdir de toutes sortes de façons : nourriture, alcool, drogue, somnifère, sexe, achats compulsifs, sports extrêmes, passions excessives, etc.

On s'engourdit pour garder le contrôle, par peur, par résistance à ce qui est. On ne veut pas ressentir l'émotion qui nous dérange autant, qui nous fait si mal.

Pourtant, il est impossible de s'engourdir de façon sélective. Cela signifie que les émotions négatives ne sont pas les seules à être refoulées par nos mécanismes de protection inefficaces : les émotions dites positives comme la joie, la gratitude, le bonheur, l'ouverture du cœur sont aussi engourdies par la même occasion. Il en résulte des relations moins chaleureuses, une fuite de la joie et du bonheur, un malaise inexpliqué, une nostalgie et un sentiment de vide envahissant.

Quand on résiste à une émotion, on résiste à toutes les émotions en même temps.

On résiste à notre guérison. Quand on bloque dans une direction, on bloque dans toutes les directions.

Pourtant, toutes nos émotions nous sont utiles : ce sont elles qui nous font cheminer. Les bouddhistes affirment qu'elles sont d'une telle puissance qu'elles nous guident sur le chemin de l'éveil. Ce sont elles qui nous permettent de nous reconnecter à ce que nous sommes vraiment.

Les émotions sont des messagères. Elles ont pour rôle de signaler que ce que nous sommes en train de vivre est significatif pour nous. Elles sont toujours une occasion de croissance.

En les engourdissant, nous nous privons de relations authentiques. Nous restons dans des relations plus froides, sans chaleur humaine.

En les accueillant, nous goûtons à toutes les saveurs de la Vie. Nous apprenons à les moduler, les guérir parfois, à les utiliser comme indicateurs de notre état plutôt que de les laisser mener notre vie.

En résistant, on maintient la souffrance. Ce n'est qu'en accueillant l'émotion que l'on peut s'en libérer.

Les apprentissages

De notre naissance jusqu'à notre mort, nous faisons des apprentissages : apprendre à marcher, à parler, à écrire, à compter, une nouvelle langue, un nouveau sport, un nouveau travail, un nouveau rôle, une nouvelle passion...

Du début à la fin, nous apprenons constamment de nouvelles choses. Tous nos apprentissages procèdent de la même manière.

D'abord, le désir de faire autrement, d'en savoir plus ; puis la peur de ce que nous avons à apprendre, la peur de ne pas réussir, de ne pas y arriver, probablement aussi le sentiment d'incompétence, de ne pas être à la hauteur lorsque nous sommes plus vieux. Puis les essais et erreurs, les succès et les échecs, du moins ce qui nous semble être un échec. Puis une pratique assidue, tomber et se relever, revoir le mode d'instructions (!) et répéter encore, jusqu'à ce que nous maîtrisions le nouvel apprentissage. Et puis, nous passons au stade suivant : pour une meilleure maîtrise, des tests plus difficiles, plus nombreux, plus fréquents, qui nous mettent au défi de réussir à prouver, à nous prouver, que nous avons bien appris cette nouvelle leçon.

Ne trouvez-vous pas qu'il en est ainsi des grands apprentissages de Vie ? Apprendre à s'affirmer, à dire non, à se tenir debout, à être authentiques, à être vrais, à régler nos différends, à prendre des décisions difficiles, à mettre fin à ce qui ne nous convient plus, à recommencer ; apprendre à accueillir, à accepter, à se laisser guider, à faire confiance à notre intuition, à faire confiance à la Vie, à suivre le courant, à laisser tomber la résistance, apprendre le lâcher prise...

Ultimement, apprendre à s'aimer, à aimer l'autre, à aimer tous les autres.

Tous nos apprentissages suivent le même cheminement. Devant une nouvelle difficulté, rappelons-nous que nous sommes toujours en apprentissage de la manière de relever un nouveau défi : essais, expériences, recommencements, essais, maîtrise, succès...Même quand nous croyons avoir réglé quelque chose, notre apprentissage se raffine avec l'expérience. Nous évoluons continuellement, revisitant parfois certaines de ces choses que nous croyions résolues.

Que cela nous permette de tenir bon quand le nouvel apprentissage nous semble plus difficile. Rien n'est insurmontable. Tout s'apprend, avec de l'Amour et de la patience !

L'inconfort

Nous avons généralement tendance à fuir l'inconfort dans la majorité des situations de notre vie : parler en public, oser dire ses sentiments, s'affirmer, accueillir sa vulnérabilité, assumer ses erreurs, reconnaître ses torts, être dans un lieu inconnu sans repères....

Nous sommes souvent inconfortables devant ceux que nous jugeons intimidants, devant des situations nouvelles où nous avons l'impression de nous mettre à nu.

Et notre ego, lui, cherche par tous les moyens à éviter cet inconfort ! Il nous construit des armures, nous fait adopter des comportements qui manquent d'authenticité, nous fait fuir ou réagir par la colère ou une attitude défensive. Son besoin de sécurité prend alors le dessus sur notre besoin d'évolution.

Car oui l'inconfort est un mal nécessaire ! En fait, c'est dans l'inconfort que se propulse notre élan à développer notre capacité d'adaptation, d'apprentissage, de développement. Toutes nos occasions de croissance ont été précédées d'une période d'inconfort, plus ou moins longue selon le cas et plus ou moins difficile.

Rappelons-nous seulement lorsque nous avons commencé à apprendre à lire, à compter, à parler une nouvelle langue : les débuts étaient peut-être laborieux, puis nous avons acquis de nouvelles connaissances que nous pratiquons depuis avec de plus en plus d'aisance.

Il en est ainsi de nos apprentissages personnels. Chaque fois que nous nous sentons inconfortables, notre physiologie réagit et nous envoie l'indication que nous avons quelque chose à apprendre, à modifier et à voir dans cette situation. Peut-être une vieille croyance à débusquer et à se débarrasser, peut-être un défi personnel à relever, peut-être une peur à traverser mais toujours une leçon d'amour.

Une chose demeure : l'inconfort nous montre toujours le chemin vers plus de liberté. À condition de le traverser et non de le fuir.

En acceptant de ressentir l'inconfort, nous ouvrons notre cœur à un dépassement de soi. Au prochain inconfort, ayons de la gratitude pour ce qu'il nous permet de rencontrer en nous.

Ce n'est pas l'autre, c'est moi !

Nous vivons tous des défis dans certaines de nos relations. Parfois l'autre semble nous irriter, nous manipuler, nous faire du mal, nous humilier...

Et la plupart d'entre nous entrons alors dans une phase, souvent inconsciente, de confidences, de plaintes même parfois, en disant à nos amis : « Tu ne sais pas ce qu'il/elle m'a fait encore ? » et nous y allons de nos jérémiades, de la liste des travers de cet autre qui nous blesse, comme si nous assistions impuissants à ce spectacle où nous avons pourtant le premier rôle dans la pièce de notre vie.

Tant que nous nous plaignons, que nous nous battons, que nous résistons, nous nous positionnons, encore une fois souvent inconsciemment et involontairement, dans un statut de victime qui, plutôt que d'agir, reste dans le statu quo et se plaint de ce qui lui arrive.

Nous connaissons tous des gens comme ça. Et nous en avons tous faits parties un jour ou l'autre. Peut-être sommes-nous encore aux prises avec ce mauvais jeu de rôles et que nous ne le voyons pas encore.

Pourtant, ce n'est jamais à propos de l'autre, c'est toujours à propos de soi.

Ce que l'autre éveille en nous, ce qui nous irrite, ce qui nous blesse est toujours un reflet de ce que nous portons en nous, de cela même que nous n'osons pas exprimer ou que nous refusons d'accueillir dans notre personnalité, de la manière dont nous nous blessons chaque jour, de la violence même que nous nous faisons subir à rester dans une relation qui peut parfois nous rappeler cette violence.

Tant que nous ne voyons pas ce que nous portons, l'autre a le rôle de nous le montrer, jusqu'à ce que nous nous éveillons, que nous disions c'est assez et que nous posions l'action juste pour changer la situation.

Que nous le voulions ou non, que nous soyons d'accord ou pas avec ceci, l'autre est toujours dans notre vie pour nous éveiller à nous-même. Dans les contextes plus difficiles ou plus dangereux, il importe donc de trouver rapidement ce que nous devons comprendre de cette situation pour nous en extirper le plus vite possible. Car si l'autre nous éveille à nous-mêmes, il n'est pas dit que nous devions tolérer l'intolérable.

En nous répétant comme un mantra « ce n'est pas à propos de l'autre, c'est à propos de moi », peut-être en viendrons-nous plus rapidement à voir ce qui a besoin d'être vu, accueilli et aimé en nous afin de nous défaire de ce qui nous fait souffrir ou de ce qui bloque notre évolution.

Tant que nous refuserons de voir ce que l'autre a pour rôle de nous montrer, et encore là son propre rôle est inconscient, nous répéterons la même expérience jusqu'à ce que nous comprenions.

Tant que nous accuserons l'autre, nous ne pourrons pas voir ce que nous avons à changer en nous et nous demeurerons impuissants face à ce qui nous irrite ou nous détruit. Ce n'est qu'en assumant notre pleine responsabilité de voir ce que nous devons aimer mieux en nous que nous pourrons nous libérer de ce qui n'a plus de sens pour nous. Il n'y a aucune culpabilité ici, seulement se prendre en mains pour créer l'ouverture à voir enfin ce que la Vie tente de nous enseigner à travers l'autre.

Nous sommes tous partenaires de liberté. Tout ce que nous vivons comme défis dans nos relations, ce n'est jamais à propos de l'autre. C'est toujours à propos de nous.

Quand on veut à tout prix que l'autre comprenne

Tant de fois nous efforçons-nous de faire comprendre à l'autre ce qui nous semble si évident !

Nous passons des heures, des jours, parfois même des années à tenter d'expliquer de toutes les manières possibles ce que l'autre devrait comprendre, ce qu'il devrait faire, ce qu'il devrait apprendre, modifier, corriger, laisser tomber, acheter, céder, etc...

Nous gaspillons des quantités d'énergie incroyables pour qu'enfin, il comprenne ce que nous, nous avons compris ! Nous faisons tout pour qu'il endosse notre point de vue, nos attentes, nos demandes, pour qu'il respecte nos valeurs, notre manière de vivre. Nous voulons qu'il comprenne le gros bon sens, les bonnes manières, la bonne façon de faire, qu'il ait enfin la bonne attitude.

Pour quoi au juste ?

Pour que notre ego ait enfin raison ? Pour pouvoir mieux contrôler l'autre ? Pour faire en sorte que nous nous sentions tout-puissants, supérieurs, plus sages que l'autre ?

Nous n'avons AUCUN pouvoir sur ce que l'autre veut ou peut apprendre ou comprendre. Nous pouvons expliquer une fois ou deux, mais quand on se retrouve à vouloir à tout prix faire comprendre à l'autre ce que nous considérons comme notre vérité, alors nous sommes dans la Vie de l'autre et dès lors, nous ne sommes plus dans la nôtre, comme nous l'avons déjà vu ici précédemment.

Se parler pour se comprendre, certes, mais tout faire constamment pour que l'autre nous comprenne enfin, nous ne sommes déjà plus dans l'Amour, nous sommes dans l'ego.

Quand l'autre ne veut pas comprendre, il nous reflète que nous ne voulons pas comprendre qu'il ne veuille pas comprendre !

L'Amour véritable se passe de mots, de négociation, de persuasion, de convictions, de discussions et d'argumentations. L'Amour est, tout simplement. Si nous sommes constamment en train de faire une vente sur ce que l'autre devrait comprendre, nous ne sommes plus dans l'Amour, et peut-être pas avec la bonne personne.

Plus c'est compliqué, plus nous nous éloignons de nous-mêmes, et plus nous nous éloignons de l'autre. Clarifier est simple. Se comprendre est simple. L'Amour est simple.

Se pousser jusqu'à l'épuisement

Est-ce que ce titre vous parle ? Êtes-vous vous aussi entouré de gens qui ont un boulot qui les occupe plus qu'à temps plein, des activités sociales ou sportives qui les font « décompresser », une famille et des enfants qui ont aussi leur lot d'activités, une grosse maison et deux autos à payer, un rythme de vie de millionnaire, peut-être même des parents vieillissants dont il faut s'occuper ? Et puis, il faut aussi s'occuper de son « développement » personnel, de sa santé, de ses comptes, de sa formation et de tant d'autres choses que nous ajoutons à notre liste de choses à faire qui déborde déjà depuis bien trop longtemps !

Nous voulons être reconnus pour notre efficacité, notre performance, nos succès peut-être, mais aussi pour notre générosité, notre envie d'aider les autres, notre écoute 24 heures par jour parfois, notre immense souci de bien faire et de faire le bien. Nous nous oublions constamment pour ne pas avoir l'air ingrats ou égoïstes aux yeux des autres ou pour faire la preuve que nous sommes des êtres de bonté… pour les autres mais moins pour nous-mêmes.

Et nous courons, nous nous faisons violence, niant nos besoins de repos et les reportant à plus tard (nous aurons bien le temps de dormir à notre vieillesse, non ?). Nous nous poussons sans arrêt, nous interdisant de flancher, incapables de dire autant de non que nous le voudrions, dépassant nos limites jour après jour. Et puis, nous nous sentons coupables de ne pas voir suffisamment nos amis, notre famille élargie ; alors si par miracle, il nous reste un petit moment de libre dans la semaine, nous nous empressons de le combler en allant voir cette amie que nous n'avions pas vue depuis quelque temps.

Et nous nous poussons, encore et encore, jusqu'à nous rendre à l'épuisement physique, moral ou les deux à la fois. Nous pouvons même aller jusqu'à la maladie, pour avoir enfin le droit de nous reposer sans nous sentir trop coupables !

Nous « gérons » nos relations, plutôt que de les vivre, de les déguster, de les apprécier, de les chérir, d'en prendre soin. Nous oublions de nous parler, de nous câliner, de nous déposer, car nous n'avons pas le temps pour l'instant. Mais si ce n'est pas maintenant, alors quand ? On se réveille un bon matin et on se demande où est passée notre vie. Et on se demande : « Est-ce que c'est ça, la Vie : métro, boulot, dodo, course, course, course ? »

Mais comment en sommes-nous arrivés là ?

Quand avons-nous perdu de vue que la Vie doit être vécue dans la simplicité, l'authenticité, la douceur, l'écoute ? Quand répondrons-nous au besoin de notre voix intérieure, à l'appel de notre âme, à la douceur de vivre, à la Vie elle-même ?

Se pourrait-il que nous ayons suivi, parce que trop dociles, les manipulations des bonzes de ce monde qui veulent nous faire dépenser plus et travailler plus pour que nous pensions moins et pour ne pas que nous nous rappelions combien la Vie peut être douce, simple et agréable et ce, bien avant l'âge de la retraite ?

N'est-il pas temps de nous réveiller, individuellement et collectivement, et de dire un grand « C'est assez ! » à ce rythme de vie qui nous prive de notre vie justement ?

N'est-il pas temps d'apprendre à dire non, à nous délester du superflu, à désencombrer nos vies, à dépouiller notre mental de tous ces faux besoins, à revenir à l'essentiel, à retrouver le goût de respirer l'air de la nature, de nous promener à la belle étoile, de redécouvrir les levers et les couchers de soleil, d'observer les fleurs pousser ou la neige tomber ?

Pour y arriver, nous devons renoncer à ce qui nous nuit mais que nous avons cru nécessaire, à lâcher prise sur le besoin de notre ego d'être « à la hauteur » et de devenir enfin qui nous sommes, au fond de nous. Nous avons tous des talents, des appétits, des dons que nous pouvons faire fructifier dès maintenant, pas dans 10 ou 20 ans !

Montrons à nos enfants que nous avons enfin appris d'eux à vivre le moment présent, pleinement. Offrons-leur un monde à leur image, dans la joie et la simplicité, avec du temps pour soi et pour ceux que nous aimons, avec moins de possessions mais davantage de paix intérieure.

N'attendons pas l'épuisement ni la maladie pour mettre un frein à notre rythme de vie trépidant. Commençons dès maintenant à faire des choix différents qui nous permettent de ralentir un peu dès aujourd'hui. Revenons à nous, en nous, pour y découvrir les trésors qui s'y cachent et qui n'attendent que notre attention pour être dévoilés. Et cela, personne ne pourra jamais nous les enlever.

La gloire de tout faire ne pourra jamais se mesurer au fait de passer à côté de notre vraie vie. Lorsqu'on réalise que le corps ne peut plus suivre la cadence, nous finissons par revenir à l'essentiel, et nous réalisons alors que d'aller faire tourner des ballons sur son nez ne fait pas partie des éléments qui construisent notre bonheur.

Quelles activités, responsabilités, obligations nourrissent notre âme ? Devons-nous attendre d'être au bout du rouleau pour redécouvrir le bonheur de vivre ?

Sortons du tourbillon et allons à l'essentiel par nous-mêmes. N'attendons pas d'y être obligés par un burnout, la maladie, une faillite, un divorce, un deuil. Choisissons en notre âme et conscience d'aller volontairement vers ce que la Vie a de plus beau. Car il n'y a rien de plus beau que l'Amour de la Vie et qu'une Vie dans l'Amour.

Prenons le temps de regarder ce que nous avons en trop dans notre vie : trop d'activités, trop d'obligations, trop de dettes, trop de matériel. Et plutôt que de chercher à en avoir davantage, délestons-nous dès maintenant de ce qui gobe notre temps, notre énergie et nos ressources. Ce que nous pourrons récupérer de cette manière, nous pourrons prendre ce temps, cette énergie et ces ressources pour nous déposer ! Pour recommencer à regarder en nous et autour de nous, pour redécouvrir la beauté de l'Amour, pour redécouvrir les gens qui nous entourent, pour avoir le plaisir de ne rien faire, de jouer, de lire, de marcher, d'admirer la nature. Pour souffler, pour respirer. Pour VIVRE enfin.

Et vous ? Que pouvez-vous faire concrètement dès aujourd'hui pour apporter des changements dans votre vie qui la rendront plus douce et plus simple ?

Rien ne satisfait l'ego

Aucune réponse, aucune explication, aucune marque d'amour, aucun défi.

Rien n'est jamais assez bien pour lui, il a l'impression de n'avoir jamais assez, de n'être jamais assez.

Alors quoi que ce soit que nous tentions de faire pour satisfaire notre ego, ou pire, de satisfaire l'ego d'une autre personne, c'est voué à l'échec d'avance car de toute façon, il sera toujours déçu !

L'ego est comme un enfant gâté qui veut toujours autre chose dès qu'on lui offre quelque chose. Plus d'activités, plus de matériel, plus d'amis, plus de cadeaux, plus de compliments, plus de tout !

Mais l'ego, c'est aussi la partie en nous qui a sans doute le plus besoin d'amour et surtout, d'être rassuré. Un beau paradoxe, n'est-ce pas ? Car ce n'est pas en niant notre ego, en voulant le bâillonner, en voulant le détruire que nous aurons le dessus sur lui. Plus nous tenterons de le faire taire, plus il criera fort.

C'est plutôt en le voyant, en le reconnaissant, en le rassurant, parce qu'il vit dans la peur constamment, que nous pourrons l'apprivoiser et le tempérer. En accueillant cette partie de nous qui manque tellement d'amour et de sécurité, nous pourrons calmer notre ego et l'utiliser seulement lorsque nous en avons besoin, plutôt que de le laisser diriger notre vie.

Et ce n'est pas parce que nous l'aimerons qu'il prendra plus d'ampleur. Au contraire. Nous ne le valorisons pas, nous lui disons qu'il est vu et entendu, nous pouvons le remercier pour ce qu'il nous montre ou nous enseigne mais nous pouvons également le prendre dans nos bras pour qu'il sache qu'il est entre bonnes mains : les nôtres !

L'important c'est de ne pas laisser l'ego guider notre vie à sa guise mais d'en faire un adjoint loyal lorsque nous en avons besoin. Car une fois rassuré, l'ego se fait tout petit !

Le prix de la survie de l'ego

Presqu'à chaque instant de notre vie, nous fournissons des efforts incroyables pour assurer la survie de notre ego, sans nous rendre compte que c'est ce qui nous épuise et nous éloigne des besoins véritables de notre âme.

Notre ego, celui que l'on confond aisément avec notre mental, a une peur viscérale de disparaître. Alors il est constamment en mode panique et en survie : il juge, compare, dénigre, a peur et nous fait souffrir pour rien. Il nous fait agir de drôles de manières pour assurer sa propre survie. Comme il est constamment en action, il nous laisse bien peu de repos dans notre vie de tous les jours. Tant qu'on le laisse nous dominer, nous vivons dans un chaos perpétuel.

L'ego professionnel se manifeste dans notre carrière, dans notre travail. Il se croit supérieur ou inférieur, nous fait travailler deux fois plus fort parce qu'il a constamment peur d'être supplanté par quelqu'un d'autre, nous fait accepter des choses contre nos valeurs par peur de perdre notre emploi ou notre rôle au sein de notre organisation. S'il est très développé, notre travail deviendra notre principal, et parfois le seul, sujet de conversation que nous aurons avec notre entourage. Quand nous nous identifions complètement à notre travail, nous développons une addiction à notre image professionnelle qui pourrait nous mener tout droit au burnout si nous n'y prenons garde.

L'ego spirituel, lui, est plus rusé ! Il nous fait juger de haut ceux qu'il considère comme « moins évolués » que lui, que nous. Il nous fait croire qu'il existe une hiérarchie dans notre spiritualité ou dans notre développement personnel et il croit dur comme fer, dès lors qu'il a compris une certaine notion, qu'il est beaucoup plus avancé que les autres. Il méprise presque ceux qui ne croient pas aux mêmes choses que lui ou dont les croyances diffèrent. C'est un piège permanent dont il faut se méfier.

Ces trois formes d'ego exigent de nous une attention constante parce que chaque ego a peur de mourir. Pour demeurer vivant, chacun va créer toutes sortes de peurs, de mécanismes de protection, de défenses, d'attaques, de dépendances pour que nous leur consacrions toute notre attention et nos efforts. Et nous nous épuisons à tenter de satisfaire ces éternels insatisfaits.

Revenir constamment à la présence à soi est encore le meilleur moyen de calmer ces egos. En considérant chacun comme un petit enfant qui a peur et en le rassurant, en réapprenant à respirer pour retrouver notre paix intérieure, en marchant en silence dans la nature, nous reprendrons peu à peu notre vie en mains, plutôt que de laisser notre ego contrôler nos pensées, nos décisions et nos gestes.

Chaque fois que nous nous sentons épuisés sans raison apparente, demandons-nous quels efforts nous avons dû fournir aujourd'hui pour protéger notre ego : nous sommes-nous montrés plus gentils que nous en avions envie ? Avons-nous tenté de protéger notre image, notre réputation ? Nous sommes-nous niés pour ne pas déplaire à quelqu'un ? Avons-nous « forcé » pour atteindre un but extérieur, au détriment de notre paix intérieure ?

Prendre conscience de tout ce que nous faisons pour protéger notre ego est un premier pas vers notre libération. Un pas de géant, en fait !

Déçu ? Et alors ?

Bien entendu nous vivons tous notre lot de déceptions dans la vie, certaines mineures et sans grandes conséquences et d'autres qui nous semblent majeures et qui ont, croyons-nous, un grand impact sur notre vie.

Mais pourtant, nous vivons toujours exactement ce dont nous avons besoin pour évoluer. Cette déception-là, celle qui nous crève le cœur, celle qui remet en question la réalisation de notre rêve peut-être, est nécessaire à notre évolution. Comment ? Nous n'en savons rien sur le coup !

Mais pourtant, tôt ou tard, la Vie nous enseigne que cette déception était essentielle pour nous renforcer, pour nous rendre plus solides, pour nous faire lâcher prise, pour accroître notre confiance en la vie, pour nous rendre plus dociles, pour nous permettre d'apprécier mieux ce que nous avons déjà, pour nous aider à faire un deuil qui n'est pas encore complété ou pour nous ouvrir le cœur et l'esprit à quelque chose de plus grand encore qui nous attend.

Nous ne connaissons pas les raisons qui font que ce que nous souhaitions ne se réalise pas maintenant, mais pourtant, un acte de Foi supplémentaire nous est demandé à ce moment-là, un acte de Foi envers la grande sagesse de la Vie qui sait mieux que nous ce dont nous avons besoin.

Avons-nous fait tout ce qu'il nous était possible de faire ? Oui ? Alors lâchons prise et attendons de voir ce que la Vie a en réserve pour nous. Si non, que pouvons-nous faire de différent, mais sans lutter, pour soutenir notre cause et favoriser la réalisation de ce que nous espérons ?

Il ne sert à rien de se décourager, de se laisser abattre, de pleurer ni de se fâcher. Ce que nous vivons est essentiel pour notre croissance. Il nous faut au contraire ouvrir le cœur, accueillir ce qui est et s'en remettre à plus grand que nous. Ce n'est pas du renoncement, c'est de la sagesse. Car nul n'est plus fort ni plus sage que la Vie.

Quand nous acceptons cette vérité, nous encaissons la déception avec humilité car nous savons qu'un trésor s'y cache, bien enfoui, et qui se révélera au moment opportun. Alors nous comprendrons pourquoi ce que nous avions initialement prévu ne s'est pas réalisé selon nos désirs : ce n'était pas ce dont nous avions besoin à ce moment-là. Mais soyons assurés que quelque chose de mieux nous attend.

Accueillir la réalité comme elle est, savoir que c'est toujours en ce moment ce qu'il y a de mieux pour nous, c'est comprendre que la Vie est toujours notre meilleure partenaire de liberté.

Être épargné

Quand nous avons l'impression que rien ne fonctionne comme nous le voulons, que les résultats tardent à arriver, que ce que nous désirons ardemment ne se manifeste pas, nous sommes souvent frustrés, déçus, en colère. Mais peut-être que c'est cette manière que la Vie a choisi pour nous épargner des souffrances additionnelles ?

Peut-être que l'emploi dont nous rêvons mais que nous n'obtenons pas se serait avéré désastreux pour notre santé, ou que nous y aurions vécu du harcèlement ?

Peut-être que la réalisation de ce rêve que nous entretenons depuis longtemps nous aurait éloigné de nous-mêmes ou pire, nous aurions pu nous y perdre ?

Peut-être que cette personne que nous courtisons mais qui ne semble pas vouloir de nous nous ferait vivre une relation destructrice ?

Et ce hiatus que nous rencontrons dans une relation est peut-être bénéfique pour le cheminement et l'évolution des deux personnes, malgré notre désir que ce silence prenne fin. Qui sait si le fait de se retrouver maintenant ne détruirait pas la relation à jamais par des mots qui dépasseraient notre pensée ?

En fait, chaque fois que nous n'obtenons pas ce que nous voulons, c'est que la Vie nous protège de ce qui ne serait pas bénéfique pour nous, même si nous, nous ne le voyons pas. Nous sommes épargnés de bien pire beaucoup plus souvent qu'on ne le croit ! En prendre conscience nous aide à accueillir ce qui est, sans jugement et avec reconnaissance pour tout ce qui nous est ainsi épargné.

Les bottines doivent suivre les babines !

Cette expression bien québécoise signifie de faire ce que l'on dit, de respecter sa parole ou ses engagements et surtout d'être cohérent avec soi-même.

On peut vouloir faire certaines choses et faire tout le contraire. Ainsi, nous pouvons affirmer que nous voulons ralentir mais être incapables de dire non aux demandes extérieures. On peut crier haut et fort qu'il est important de prendre soin de sa santé, et manger du fastfood, trop boire, ne pas faire d'exercices et rogner sur nos heures de sommeil. On peut prétendre vivre dans l'Amour et dans l'acceptation inconditionnelle des autres mais être pourtant le premier à juger un comportement qui nous semble inacceptable. Et on a beau vouloir à tout prix être heureux, si nous ne nous aimons pas, si nous tolérons des relations toxiques dans notre vie, si nous faisons tout pour les autres et rien pour nous, nous n'atteindrons jamais notre but.

À moins de prendre conscience de nos incohérences, de notre manque d'engagement et de respect envers nous-mêmes. À moins de prendre conscience de la facilité avec laquelle nous nous mentons triplement : d'abord en nous affirmant solennellement que nous voulons telles choses, en nous trouvant des excuses ahurissantes pour nous donner bonne conscience et en faisant mine de croire à nos propres excuses mensongères. Bingo !

Nous aurons beau soliloquer autant que faire se peut, nous ne réussirons pas à être heureux tant que nous ne prendrons pas envers nous-même l'engagement de nous aimer suffisamment pour nous donner ce dont nous avons tant besoin : l'Amour, le respect, la bienveillance, la compassion, la douceur, la sollicitude, la générosité, la tendresse, l'acceptation, la compréhension, l'accueil inconditionnel.

Apprenons à nous aimer assez pour pouvoir dire non et mettre nos limites pour avoir plus de temps pour nous, pour ralentir enfin. À nous aimer assez pour bien manger, bien dormir, faire de l'exercice dans le plaisir, relaxer et jouir de la Vie et de chacun de ces merveilleux petits moments. À nous aimer assez pour développer la tolérance et remplacer le jugement. À nous aimer assez pour nous accueillir tels que nous sommes, sans chercher à vouloir être autre chose ni être plus, juste en étant bons pour soi, là, maintenant. À nous aimer assez pour restreindre notre temps d'exposition aux personnes toxiques, à nous donner autant que nous aimerions recevoir. Car ce n'est qu'en apprenant à nous aimer véritablement, en développant notre estime de soi, que nos bottines suivront enfin nos babines et que nous vivrons en cohérence avec nos aspirations les plus élevées.

La valeur immense de la légèreté

Tous ceux et celles qui ont connu une vie lourde de problèmes et de relations difficiles connaissent la valeur immense de la légèreté !

Il ne s'agit pas de légèreté au sens de la superficialité, mais bien de la légèreté d'âme, de cœur, d'esprit. Quand nous comprenons enfin que tout ce qui se trouve dans notre vie, c'est nous qui le créons, nous devenons alors conscients de l'importance de faire des choix appropriés et bénéfiques pour nous. Nous devenons plus bienveillants envers nous et les autres et nous prêtons attention avec amour à la nourriture relationnelle, spirituelle, mentale et professionnelle que nous choisissons d'ingérer.

Nous développons notre conscience pour faire des choix qui amélioreront notre vie et nous nous éloignons de ceux qui pourraient la compliquer. Nous laissons notre cœur nous guider et nous suivons les élans qui l'animent. Nous nous éloignons des relations toxiques, des personnes compliquées, des situations tordues, de celles qui grugent notre énergie et nous nous rapprochons des gens simples, agréables, des choses qui nous font du bien, de ce qui nous rend heureux, de ce qui élève notre âme.

Nous ne cherchons plus à avoir raison, nous recherchons la paix de l'esprit. Nous ne cherchons plus à planifier les événements, nous laissons la Vie nous surprendre. Nous ne tentons plus de contrôler les autres, nous les laissons être libres. Nous ne courons plus après le succès, nous tendons vers l'épanouissement. Nous n'entrons plus dans les conflits, nous restons dans la Joie. Nous ne voulons plus fuir la solitude ni courir après une relation, nous accueillons ces moments privilégiés avec nous-mêmes et nous laissons la meilleure relation venir à nous.

C'est en accueillant TOUTE la Vie, telle qu'elle se présente à nous à chaque instant que nous finissons par atteindre cette douceur de vivre.

Nul ne sait combien de temps cela prend à chacun pour atteindre cette paix de l'âme, cette légèreté du cœur, mais une chose est sûre, une fois que nous l'avons atteinte, nous ne voulons plus jamais revenir en arrière.

Erreurs et échecs

Nous avons tous connu un jour ou l'autre un échec et nous avons tous fait des erreurs dans notre vie... Mais est-ce vraiment vrai ?

En vertu de quelles normes pouvons-nous dire que nous avons subi un échec ? Par rapport à quoi ? À ce que nous attendions comme résultats ? Est-ce que tout doit toujours tourner autour de nos attentes, de nos barèmes, de nos standards ?

Bien sûr que non ! La Vie n'est pas une suite de succès et d'échecs. Elle est une suite d'expériences. C'est notre ego qui qualifie ces expériences de positives ou de négatives. Mais encore là, à partir de quelles références ? Un résultat qui nous convient n'est pas forcément un succès et une finalité qui ne nous convient pas n'est pas nécessairement un échec. Parfois ce que nous avons cru être un échec s'est avéré porteur de cadeaux fantastiques et ce que nous avons cru être une réussite nous a placés dans une situation plus difficile.

Tout ce que nous vivons fait partie de notre expérience de vie. Un succès pour un jeune enfant est de se tenir debout mais ce n'est plus un succès pour un adulte ! Un échec pour un milliardaire est de faire moins de profits cette année que l'an dernier mais pourtant le centième de son revenu annuel serait un immense succès pour un mendiant ! Tout est relatif, ce que nous considérons comme un échec est un succès pour d'autres personnes et vice versa.

Il ne sert à rien de regretter nos erreurs, nos échecs ni de nous glorifier de nos prétendus succès. Car tout ce que nous vivons nous est utile pour nous faire évoluer, pour apprendre à aimer et pour expérimenter la Vie comme elle se présente. Ne laissons pas nos pensées et notre ego nous faire croire que nous avons réussi ou échoué. Rien de tout cela n'existe en fait ! Ni échecs, ni erreurs, ni succès, même ! Ce ne sont que des expériences de vie !

Nous avons expérimenté la Vie, nous vivons ! En abordant tout ce qui vient à nous avec cette optique, le cœur ouvert, il nous est beaucoup plus facile d'accueillir ce qui est, sans résister, sans être déçus, sans se perdre dans des analyses comparatives inutiles et douloureuses. Vivons, et savourons chaque expérience de notre vie !

La plus belle rencontre de notre vie

Il n'y a jamais de détours. On ne peut jamais faire fausse route. On ne peut jamais se tromper de chemin. Quelle que soit la route que l'on prend, c'est TOUJOURS la nôtre quand même !

Quel soulagement et quelle libération quand finalement nous comprenons que nous sommes toujours sur la bonne route, même si elle semble cahoteuse, même si nous avons l'impression de nous être trompés de chemin.

Notre chemin n'est pas celui de notre conjoint, de notre enfant, de notre amie : c'est le nôtre et il est unique, tout comme les leurs sont uniques à eux. La route que décide d'emprunter cet autre que nous aimons, cela ne nous regarde pas ! Que nous soyons d'accord ou pas, que nous croyons qu'il se trompe ou pas, cela n'est pas de nos affaires !

Nous avons déjà bien assez de garder les yeux sur notre route à nous !

Parfois, avec le recul, nous pouvons avoir l'impression d'avoir fait de nombreux détours pour finalement être là où nous sommes rendus. Mais dans les faits, il n'en est rien. C'était la route que nous devions prendre pour nous rendre justement là où nous sommes aujourd'hui. Quel que soit le carrefour auquel nous nous trouvons en ce moment, sachons que ce sera toujours la bonne route pour nous que nous choisirons.

N'est-ce pas libérateur de voir le chemin parcouru ou à parcourir de cette façon ? Nous ne pouvons pas nous tromper, nous sommes toujours sur la bonne route, la nôtre !

C'est fascinant de constater que tout dans notre vie constitue une invitation à aller à la rencontre de nous-mêmes. Même ce qui nous paraît insensé, désagréable, inutile, violent même parfois.... Tout est une invitation à nous rencontrer.

En effet, tout nous invite à revenir à nous, à aller à l'intérieur de nous, là où nous attend le meilleur de nous... Cet ami qui nous irrite par un commentaire qui nous blesse nous invite à aller voir en nous ce qui résonne à cette fréquence. Cet étranger que nous craignons nous invite à découvrir la peur qui se cache en nous sous différents masques. Ce problème qui surgit au mauvais moment nous invite à nous arrêter et à entrer en communication avec la partie de nous qui a besoin de ce problème pour mieux se connaître.

Tout est toujours une invitation à nous rencontrer, à mieux nous connaitre, à nous délester de ce qui nous pèse, à découvrir la merveilleuse lumière que nous portons en nous, à puiser dans cet océan d'amour qui nous habite et à diffuser sans limite ce parfum de bonté dont nous sommes composés.

Tout le reste n'est qu'illusion, ego, peurs, cascades de masques pour cacher le sublime en nous.

Pourtant, plusieurs personnes ont une peur profonde de se retrouver seules à seules avec elles-mêmes. Beaucoup d'entre nous ferons tout pour éviter de nous retrouver face à soi. Nous passerons un temps fou sur les réseaux sociaux, sur notre portable, nous ouvrirons la télévision même si nous ne la regardons pas ; d'autres s'auto-saboteront de toutes sortes de manière. Certains iront même jusqu'à adopter des comportements autodestructeurs pour éviter de se retrouver seuls.

Pourtant, cette rencontre avec soi est la plus importante de notre vie. Si nous continuons de l'éviter en ne prenant pas le temps nécessaire pour nous retrouver, nous pourrions finir par manifester des périodes de manque d'argent afin de limiter notre capacité de nous distraire en dépensant pour toutes sortes d'activités et d'habitudes qui nous éloignent de nous. En limitant nos activités, ces périodes nous offrent l'opportunité d'une rencontre avec notre âme. Parfois, c'est sous la forme d'une perte d'emploi, d'une fin de carrière ou d'un creux entre deux contrats que la Vie nous gratifient de ces moments précieux pour aller puiser en nous nos propres ressources.

Mais si nous persistons à vouloir nous éviter, la prochaine manifestation pourrait être une maladie ou un accident. Parfois la maladie nous permet de nous retirer de notre fébrilité habituelle pour un certain temps, quelques jours, quelques mois ou même pour une longue période, le temps que nous acceptions enfin de venir à notre rencontre.

Il semble parfois que la personne dont nous ayons le plus peur, ce soit nous-mêmes ! Les temps d'arrêt, choisis ou imposés, sont nécessaires dans notre vie. Ils sont les meilleurs moments pour nous rencontrer.

Quand enfin nous osons nous tenir debout face à nous, que nous nous regardons vraiment, ce que nous sommes, au fond de notre âme, que nous accueillons ce que nous y trouvons, que nous découvrons les trésors que nous portons, nous réalisons alors que cette rencontre changera notre vie à jamais. C'est le moment où l'Amour de Soi, l'Amour POUR Soi devient réalité et entier.

Et ça, c'est la plus belle rencontre de notre vie !

Êtes-vous présents ?

Êtes-vous présents ? À vous, à l'autre, à votre vie, à ce qui vous entoure, à la beauté de la nature ?

Nous étions en vacances récemment mon amoureux et moi dans un endroit merveilleux sur le bord de la mer. Un petit hôtel tranquille, fabuleux, avec un décor à faire rêver, une mer qui change de couleur à toute heure, un ciel constellé d'étoiles chaque soir ; des repas succulents servis sur le bord de la plage, une musique douce pour permettre la conversation, bref tout ce qu'il faut pour savourer le moment présent à chaque seconde. Pourquoi je vous raconte ça ?

Parce que la moitié des gens, de toutes catégories d'âge, étaient rivés à longueur de journée sur leur téléphone ! Pas seulement quelques instants, histoire de vérifier si tout va bien du côté de la maison ou des enfants ni pour prendre des photos mais presque toute la journée ! Qu'ils soient à la piscine, au bar, au resto et même sur la plage, ces couples ne se parlaient pas, n'admiraient pas la mer, ne profitaient pas des beautés du site, et dînaient sans se parler ni même se regarder ! Le wifi étant disponible partout, ces personnes n'ont pas pu décrocher de leur téléphone de toute la semaine pour profiter de leurs vacances, maintenant ainsi, sans peut-être s'en rendre compte, leur routine habituelle.

Je ne dis pas qu'ils n'en ont pas le droit, mais je me demande s'ils ont entendu le bruit incessant et réconfortant des vagues, s'ils ont senti le soleil sur leur peau et le sable chaud sous leurs pieds, s'ils ont vu l'horizon sans fin, les palmiers géants, les étoiles innombrables, s'ils ont apprécié la douceur de vivre, s'ils se rappelleront d'avoir goûté la cuisine locale, s'ils se rappelleront d'avoir croisé d'autres êtres humains ! Auront-ils pu enfin prendre le temps de discuter avec leur compagnon, leur compagne, de faire le point, d'aller trouver l'autre là où il est, de se montrer vulnérables en amenant l'autre à mieux le connaître ? Auront-ils ri ensemble, plutôt que chacun de leur côté sur les vidéos différents qu'ils regardaient ? Auraient-ils pu en profiter pour aplanir les aspérités entre eux, renforcer leur amour, parler du présent, de l'avenir, de leurs rêves ?

Bref, ont-ils vécu le moment présent ?

À leur manière vous me direz. Mais la Vie ne se trouve pas dans un cellulaire. Elle se vit à chaque instant, dans notre relation à soi, à l'autre, à la nature, aux autres, à la Vie ! Pourquoi aller à l'autre bout du monde et continuer de vivre sur son portable ? Sommes-nous devenus dépendants de ces petits objets au point d'oublier de vivre ? Quels souvenirs ces gens rapporteront-ils de ce voyage dans leur cœur ?

Je sais, chacun a le droit de vivre comme il l'entend et je n'ai pas à juger comment les autres passent leurs vacances. C'est juste. Mais parfois j'ai l'impression que nous sommes en train de perdre notre capacité à communiquer face à face avec les gens qu'on aime, à entrer en relation avec des inconnus, à faire connaissance, à découvrir que la Vie est plus large qu'un écran de quelques centimètres. Pouvons-nous revenir à la Vie de temps à autre ? La vraie, celle qui nous apprend constamment plein de choses, celle qui nous surprend, qui nous fait grandir, qui nous émerveille, qui nous rend humbles, qui nous fait nous aimer, face à face, cœur à cœur, âme à âme. Pouvons-nous choisir les vibrations de notre âme plutôt que celles de notre téléphone intelligent ? Pouvons-nous redécouvrir le plaisir de rire ensemble ?

Re-bref, pouvons-nous revenir au moment présent ?

En savourant chaque seconde de ces moments privilégiés, en inspirant ce qui fait la beauté de la Vie, en étant connectés à soi et à l'autre, en profitant de ces instants pour se retrouver soi, aller toucher à cette paix, là, en soi, nous goûterons enfin à ce qui donne du sens à notre vie. Pas besoin d'aller à l'autre bout du monde pour créer ces moments privilégiés. Ils sont disponibles ici, maintenant, en tout temps. Suffise que l'on soit présent à soi !

Secrets de famille

Toutes les familles ont leurs secrets. Certains discrets, d'autres qui pèsent lourd dans la balance. Si certains de ces secrets vous étouffent, c'est qu'il est peut-être temps de les dévoiler et de VOUS libérer. Autres temps, autres mœurs, ce qui devait être tenu secret il y a 40 ans n'est plus une honte maintenant. Nous sommes dans une ère de conscience où tout doit être révélé au grand jour, où la vérité doit triompher et où les secrets n'ont plus leur place. Et ceux qui ont peur que leur secret soit divulgué ont peut-être besoin d'apprendre à faire la paix avec cette partie de leur passé qui ne se disait pas à l'époque, mais qui renferme sans doute aujourd'hui les ailes de leur liberté.

Si vous me connaissez, vous savez sans doute que j'ai été adoptée à l'âge de 6 mois. Ma mère biologique avait déjà d'autres enfants avant moi mais elle a choisi de ne pas me garder et de me confier aux soins des bonnes sœurs, comme on disait à l'époque. J'ai appris cette partie essentielle de mon histoire à 19 ans, et j'ai retrouvé ma mère biologique 25 ans plus tard. J'ai pu ainsi faire la paix avec bien des blessures, dont celles de rejet et d'abandon. J'ai appris à aimer mon histoire, car elle me permettait de mieux me comprendre et de mieux comprendre mon chemin de vie. Mais la Vie avait encore d'autres surprises dans son sac. Récemment, voilà que j'ai retrouvé un frère, un autre enfant que ma mère, notre mère, a confié à l'adoption lui aussi, 10 ans après moi. Un beau petit frère, plein de bonté et de... questions !

En effet, tant de questions ont surgi parce qu'avec cette découverte venaient aussi d'autres informations jusque-là inconnues et que je tairai ici pour le moment. Même si ces retrouvailles se sont faites en douceur et avec beaucoup d'Amour, elles m'invitent à écrire sur le drame que renferment nos secrets de famille. Tant de gens ignorent une partie de leurs origines, de leur propre histoire, de leurs ascendants. Aujourd'hui, on parle de pleine conscience, de présence à soi, d'être à l'écoute de son âme, de son cœur. Mais comment y arriver s'il nous manque tout un pan de notre vie ?

Si vous avez la chance d'avoir encore vos parents, c'est le temps d'en apprendre plus sur vous, sur votre naissance, sur votre enfance, sur les histoires de votre famille. Lorsque j'ai retrouvé ma mère, il y a plusieurs années, j'ai aussi rencontré en France un cousin généalogiste qui a retracé les origines de ma famille jusqu'en 1665 ; il m'a raconté tant d'anecdotes et d'histoires sur mes aïeux que j'ai pu enfin faire pousser mes racines et me redresser, forte de cet ancrage nouvellement acquis. Puissions-nous, chacun d'entre nous, en apprendre plus sur nos origines et nos histoires de familles afin de mieux nous connaître.

Cela étant dit, nous ne sommes pas notre passé, nous ne sommes pas notre famille, telle quelle. Cependant, nous sommes la somme de tous nos ancêtres et de toutes leurs histoires. Nous avons peut-être hérité de blessures transgénérationnelles. Récupérer ce qui nous appartient et ce qui nous permet de faire le pont avec les autres êtres humains de notre famille, de nos fratries et de prendre soin de ce qui a besoin d'être guéri, c'est sans doute le plus bel héritage que puissent nous léguer nos parents et que nous puissions laisser à nos enfants. Je nous souhaite à tous que les secrets de famille se dévoilent à la lumière de notre amour pour qu'enfin nous devenions pleinement conscients de tout ce qui nous a précédés et façonnés. S'aimer, c'est aussi se libérer de ces secrets qui pèsent trop lourd dans notre vie et ce faisant, c'est aussi rendre la liberté à tous ceux qui sont enfermés dans ces silences.

Être soi

Êtes-vous capable d'être vous-même même si cela dérange les autres ? Osez-vous vous montrer tel que vous êtes même si pour cela d'autres personnes s'éloignent de vous ?

Combien d'entre nous ont dû se cacher, s'effacer, jouer d'autres rôles que le leur pour être aimé de leur famille, de leur entourage, de leur milieu ? Il nous faut bien un jour constater que chaque fois que nous n'osons pas être totalement nous-mêmes, nous nous renions ! Nous nions ce que nous sommes parce que nous croyons faussement que ce que les autres pensent de nous est plus important que notre propre bonheur ! Nous croyons que si nous nous conformons à ce que nous croyons que les autres attendent de nous, nous serons enfin aimés. Mais à quoi bon être aimés pour ce que nous ne sommes pas ?

Que de souffrances ainsi engendrées ! Toutes ces douleurs créées par nous, de peur que les autres ne nous aiment pas ! Mais alors, qui aiment-ils ? Le rôle que nous jouons ? Le personnage que nous endossons ? Nous perdons un temps fou et une énergie folle à tenter d'être autre chose que ce que nous sommes ! Nous nous perdons ! Nous développons des maladies, physiques ou psychologiques, en tentant de tout faire pour être aimés mais pourtant, ce n'est pas nous qui sommes présents !

Nous avons besoin d'être aimés mais ce n'est pas nous que nous montrons ! Chaque fois, nous disparaissons un peu plus, jusqu'à nous perdre dans ce dédale de chemins tortueux pour ne pas nous afficher tels que nous sommes.

Peu importe si notre environnement juge ce que nous sommes, peu importe si les autres n'acceptent pas ce que nous sommes profondément, ce n'est pas en nous reniant que nous les aiderons à évoluer ! En nous reniant, nous régressons et nous les maintenons dans une position rétrograde qui manque d'amour. Mais en osant nous afficher comme nous sommes, en accueillant ce que nous sommes pour enfin nous montrer au grand jour, nous contribuons à l'évolution de notre entourage, même si leur réaction primaire ne nous donne pas à croire que cette évolution se fera un jour.

Regardons le chemin parcouru par ceux qui étaient calomniés il y a à peine 50 ans mais qui ont osé se tenir debout : notre société s'est ouverte aux différences, nous avons ouvert notre cœur, pour la plupart d'entre nous en tous les cas, et nous avons cheminé avec ceux qui nous présentaient d'autres options de vie, de choix, de personnalité.

Alors cessons d'avoir peur, cessons de nous renier pour plaire aux autres et nous conformer à leurs attentes. Ce n'est qu'en étant vraiment nous-mêmes que nous nous permettrons de goûter au bonheur. En prime, nous contribuons ainsi à l'évolution des autres et des mentalités. Et ce n'est pas rien ! C'est une magnifique responsabilité que d'éclairer les coins sombres de notre humanité !

Toxique !

Nous avons souvent parlé ici de l'importance d'éloigner les personnes toxiques de notre environnement si nous voulons préserver et développer notre estime de soi. Nous avons déjà discuté comment le fait d'éliminer les relations toxiques de notre vie peut créer de meilleures conditions pour être heureux. Tout ce qui est toxique dans notre environnement doit être évité le plus possible : les personnes toxiques, les relations toxiques, les environnements physiques, la nourriture toxique, les produits toxiques, etc.

Mais parfois la toxicité se cache ailleurs, dans un endroit où nous ne pensons même pas regarder pour la démasquer : en nous !

Nos pensées toxiques nous créent du stress, de l'anxiété, des émotions négatives, des inconforts physiques. Souvent, nous adoptons des comportements toxiques pour nous-mêmes sans en être conscients. Nous nous faisons violence, nous ne mettons pas nos limites, nous sommes durs envers nous, nous n'osons pas nous affirmer ni dire non, nous tolérons l'intolérable trop longtemps, nous nous soumettons aux caprices des autres, nous restons dépendants d'autrui, d'une situation, de produits qui nous calment. Nous avons des réactions d'auto sabotage hautement toxiques pour nous quand nous croyons ne pas mériter l'abondance, une promotion, un cadeau, une relation amoureuse saine...

Nous nous jugeons sévèrement, nous nous tapons sur la tête, nous entretenons la honte, la culpabilité, le sentiment de rejet... tous des comportements hautement toxiques pour nous et qui finissent par nous détruire, par diminuer notre estime de soi, par réduire nos possibilités de bonheur. Et nous nous étonnons d'attirer des personnes toxiques dans notre entourage sans réaliser que c'est parfois exactement le comportement que nous avons à notre propre égard.

Pour éloigner les personnes toxiques, commençons par ne plus être toxiques pour nous-mêmes ! Développons l'estime de soi, l'auto-compassion, l'accueil inconditionnel envers nous, la bonté à notre égard et la douceur dans notre propre manière de nous traiter. Ce que nous portons en nous, nous l'attirons. En ayant plus d'Amour, de bonté, de compassion et de douceur, c'est ce que nous attirerons dans notre vie. Cessons d'être toxiques pour nous-mêmes et soyons enfin aimants envers l'être merveilleux que nous sommes tous.

Êtes-vous un guerrier ?

Dans votre vie, êtes-vous un guerrier, une guerrière ? De lumière, de droit, de la paix ou de quoi que ce soit d'autre ? Avez-vous l'impression que vous devez vous battre, combattre le mal, défendre les opprimés, porter une cause à bout de bras et être prêt à aller loin, très loin pour défendre ce en quoi vous croyez ?

Et pourquoi, au final ? Un jour, il faut se rendre à l'évidence que ce besoin de combattre, de forcer, d'être en compétition, de défendre, d'argumenter, de s'opposer ne vient toujours que d'une seule et même place : notre ego !

C'est difficile à reconnaître et à admettre, je vous le concède. Car on nous a tellement fait croire qu'il s'agissait d'une question d'honneur, de justice, de droit, d'engagement que de se battre pour nos idées... Mais justement, ce ne sont que des idées ! Ce n'est pas notre cœur ni notre âme qui a ce besoin de se battre, ce n'est que notre ego, notre mental. Les grands gourous de notre société, qu'ils soient politiques, communautaires, sociaux, religieux ou autres veulent nous faire croire que ces combats sont nécessaires pour préserver la paix. Pensons-y sérieusement : comment le fait de se battre peut-il nous apporter la paix ? N'est-ce pas antinomique au départ ?

Tout ce qui implique de se battre n'est pas en lien avec notre âme !

Ce n'est certes pas en nous battant, en nous proclamant guerriers de quoi que ce soit que nous instaurerons la paix dans ce monde. Bien au contraire, en guerroyant, nous éloignons la paix. Ce n'est qu'en instillant la paix en nous, en la cultivant, en la chérissant, en la protégeant et en refusant de mener tous ces combats vains et inutiles que nous pourrons enfin amener cette paix dans ce monde. Cela fait des millénaires que l'on nous fait croire que si l'on veut la paix, on doit préparer la guerre. Mais non ! Vous voyez bien que cela ne fonctionne pas ! Si on veut la paix, cultivons-la en nous !

Chaque fois que nous voulons que les choses soient autrement, nous sommes en guerre contre ce qui est, nous sommes en guerre en nous. Cessons de nous faire violence, cessons de courir après tout ce qui bouge, revenons ici, là, maintenant, en nous, au plus profond de nous et respirons en notre centre, là où résident la paix, le bonheur, la joie, la douceur, le silence. Arrêtons de croire tous ces diktats insensés qui nous éloignent de nous et revenons à nous, au propre comme au figuré !

Cessons de nous battre et de combattre et commençons enfin à aimer et à accueillir. C'est le seul moyen de créer la paix dans ce monde : aimer.

À qui donnez-vous votre pouvoir ?

Pour la plupart d'entre nous, nous nous croyons en contrôle sur notre vie ; nous croyons que nous prenons nos propres décisions, que nous choisissons ce que nous voulons et que nous répondons à nos propres besoins.

Mais en êtes-vous si sûr ?

Si nous hésitons à nous affirmer et à dire non pour ne pas déplaire aux autres, c'est entre les mains de ces autres que nous remettons notre pouvoir.

Si nous sommes toujours gentils, souvent trop gentils, afin de préserver notre image et nos relations, c'est encore entre les mains des autres et de leurs jugements que nous remettons notre pouvoir.

Si nous n'osons pas entreprendre un projet qui nous tient pourtant à cœur, nous remettons notre pouvoir à la peur de nous tromper ou d'échouer qui nous habite.

Si nous restons dans un emploi qui nous tue à petit feu ou qui ne nous permet plus de nous réaliser, c'est notre insécurité qui détient notre pouvoir.

Si nous maintenons une relation sur le respirateur artificiel ou pire, une relation toxique, parce que nous espérons changer l'autre, c'est la peur d'être seuls qui a tout le pouvoir sur nous.

Si nous laissons la colère, l'impatience ou d'autres émotions intenses nous faire réagir au quart de tour, alors c'est à ces émotions que nous laissons le pouvoir de notre bien-être.

Parfois, nous laissons notre pouvoir aux mains de nos anciennes blessures non guéries, parce que nous n'avons peut-être pas encore trouvé le courage de les regarder en face et d'amorcer le processus de guérison pourtant nécessaire à notre bonheur.

Souvent, c'est notre ego qui prend tout le pouvoir dans notre vie car il veut gagner, compétitionner, juger, comparer, ne pas avoir tort et surtout parce qu'il est rempli de peurs de toutes sortes.

Dans tous ces cas, ce n'est pas nous qui menons notre vie : nous avons remis le pouvoir aux autres, à notre ego, à nos peurs, à nos blessures. Inconsciemment, nous prenons nos décisions à partir de ces peurs, de notre ego, de ces blessures, des autres. Et nous nous étonnons que nos problèmes persistent, que nos relations soient encore difficiles, que nous ne surmontions pas nos peurs, que notre mental ou notre orgueil nous fasse faire de mauvais choix.

Ce n'est qu'en nous connaissant mieux, en débusquant toutes ces fausses croyances, en faisant face à la réalité, en apprenant à maîtriser notre ego, en guérissant nos blessures, en nous aimant mieux et inconditionnellement que nous reprendrons notre propre pouvoir. C'est à partir de ce moment-là que nous commencerons à faire de vrais choix conscients, plus en affinité avec ce que nous sommes, répondant mieux aux vrais besoins de notre âme. C'est aussi à partir de ces moments-là que nous commençons à goûter à la vraie liberté : c'elle d'être pleinement nous-mêmes.

« On ne veut pas de moi ! »

Plusieurs d'entre nous avons déjà eu ce sentiment profond, douloureux, dérangeant de se sentir rejeté par les autres, ou par quelqu'un en particulier.

Que nous soyons un bébé abandonné à la naissance, un enfant maltraité par ses parents, rejeté à l'école ; que nous ayons eu l'impression de déranger plus souvent qu'à notre tour ; que nous ayons eu des difficultés à trouver un amoureux, une amoureuse ou à avoir une relation amoureuse stable ; que nous ayons été le souffre-douleur à l'école, choisis les derniers dans les équipes sportives, intimidés par les plus grands ; que nous ayons vécu de l'indifférence, de la trahison, de l'infidélité ; que notre conjoint/e nous rejette ou que notre patron nous méprise ; peu importe comment cela se manifeste, le rejet est l'une des marques de non-amour les plus difficiles à vivre.

Car « on ne veut pas de moi » s'inscrit sournoisement dans notre cerveau, y crée des connexions douteuses qui nous suivront toute notre vie. « On ne veut pas de moi » va se transformer, NOUS transformer pour que nous devenions encore plus gentils, plus généreux, plus aidants, plus aimables, plus tolérants, plus compréhensifs, plus patients, plus drôles, plus travaillants, plus, plus, plus pour que l'on ne nous rejette plus. Tout en apprenant à nous rejeter nous-mêmes.

Malgré des années de thérapie à travailler sur le rejet de notre enfance, car tous les rejets suivants sont la répétition de notre rejet initial, nous pouvons avoir réussi à améliorer notre image de nous-même, notre assurance, notre estime de soi, notre capacité d'affirmation, nous avons pu guérir tous les symptômes du rejet et nous croire enfin libérés de ce poison, tant que nous n'avons pas soigné la cause première, nous fonctionnons comme des automates sans réaliser que c'est notre peur enfouie du rejet qui est la cause de bien de nos comportements.

Ainsi, peut-être vivons nous seuls de peur d'être rejetés ; peut-être sommes-nous partis en affaire de peur d'être rejetés par un patron ; peut-être avons-nous appris à nous débrouiller seuls dans plein de choses afin d'être autonomes le plus possible plutôt que de demander de l'aide par peur d'être rejetés. Peut-être sommes-nous devenus si gentils et généreux que certaines personnes abusent de notre bonté ou de notre générosité ou des deux à la fois. Peut-être acceptons-nous trop longtemps l'intolérable, nous montrant compréhensifs et patients à l'excès pour ne pas être rejetés.

Il se peut aussi que chaque fois que nous entreprenions un projet et que nous approchions de sa réussite, notre mécanisme de défense inconscient nous auto sabote pour ne pas être rejetés car au fond de nous « on ne veut pas de moi » sévit encore en sourdine. Peut-être devons-nous travailler comme des forçats afin d'arriver à joindre les deux bouts car il semble que l'abondance financière nous fuit tout le temps : dès lors qu'on semble sur le point de souffler un peu, « on ne veut pas de moi » ne nous permet pas de croire que nous pouvons avoir du succès et réussir à quelque niveau que ce soit.

Il se peut aussi que nous observions nos collègues avoir des promotions, réussir alors que malgré nos efforts, on dirait que personne ne nous voit. Nous pouvons envier les autres car au fond de nous « on ne veut pas de moi » continue son travail de sape depuis toujours.

En aidant les autres, en voulant les sauver, nous essayons de nous guérir à travers eux, car nous ne savons pas que nous sommes encore souffrants. Nous nous oublions pour aider les autres, mais nous nous oublions quand même. Notre générosité ne nous inclut pas, car nous ne voulons pas de nous ! Nous aidons les autres, mais nous ne nous aidons pas. Nous voulons faire plaisir, même au détriment de notre bien-être.

La seule chose pire que « on ne veut pas de moi », c'est « je ne veux pas de moi » !

Alors, si nous nous surprenons à :

- Dire oui à l'autre alors que nous avons envie de dire non ; donc nous dire non à nous

- Accepter d'aider alors que nous sommes épuisés ; donc nous dire non à nous

- Faire preuve d'une grande générosité qui ne nous inclut pas ; donc nous dire non à nous

- Tolérer ce qui n'a pas de bon sens, ce qui nous fait du mal ; donc nous dire non à nous

- Être trop patients avec certaines personnes au détriment de notre santé mentale ; donc nous dire non à nous

- Travailler pour les autres sans arrêt et sans penser à nous

- Croire que nous ne sommes pas assez et que nous devons faire plus, être plus pour être aimés

- Être gentils quand l'autre nous manque de respect

- Avoir des relations déséquilibrées où il n'y a que nous qui mettons de l'eau dans notre vin

C'est que CHAQUE FOIS, nos agissements disent « je ne veux pas de moi » !

Nous adoptons tous ces comportements par peur du rejet alors que notre besoin fondamental c'est d'être aimés. Si nous apprenons à NOUS aimer pour de vrai, nous devrons nous INCLURE dans tous nos élans de gentillesse. Et pour guérir de cette peur du rejet et créer de nouvelles connexions dans notre cerveau, nous devrons d'abord et avant tout passer en premier pendant un certain temps, le temps que ces nouvelles connexions créent de nouveaux chemins faciles à utiliser dorénavant.

La meilleure défense pour contrer « on ne veut pas de moi » ou « je ne veux pas de moi » devient désormais JE VEUX DE MOI ! Il nous faut la noter partout, dans notre agenda, sur des post-it, dans notre miroir, sur un papier que nous trainerons avec nous, sur notre téléphone.

Car « je veux de moi » va se transformer et nous transformer en : je prends soin de moi, je me fais des cadeaux, je suis généreux avec moi, je prends du temps pour moi, je me repose quand j'en ai besoin, je me dis oui à moi d'abord, j'apprends à dire non aux autres, je m'entoure de personnes bonnes pour moi, je fais mes choix en fonction de moi, je me respecte, je fuis ce qui est négatif, je fais ce qui est bon pour moi. « Je veux de moi » nous transformera en parent aimant de notre enfant intérieur, en parent qui ne le rejettera plus jamais et qui le protégera de ceux qui veulent lui faire du mal, incluant ... nous-mêmes.

Car peut-être l'un de nos parents nous a-t-il rejetés autrefois, mais nous, nous nous sommes rejetés des milliers de fois, toute notre vie. Ça suffit maintenant. Faisons de la place dans notre cœur pour nous-mêmes et cessons de nous rejeter constamment.

Découvrons aussi que cette croyance nous a permis de développer des qualités que nous aurions peut-être mises de côté autrement : l'autonomie, la débrouillardise, la confiance en soi, l'audace, le courage, l'ouverture aux autres, l'intelligence du cœur. Même nos croyances peuvent contribuer à notre évolution !

Ainsi donc, nous pouvons transformer « on ne veut pas de moi » en un retentissant « je veux de moi » pour toujours !

Et le travail, ça va ?

Faites-vous partie de ces gens pour qui le travail est une partie importante de leur vie ? Peut-être même la plus importante ? Celle dans laquelle vous vous réalisez ? Peut-être même cette partie de votre vie qui comble les manques que vous connaissez dans d'autres aspects de votre vie ?

Notre société a tellement valorisé le travail que beaucoup s'identifient à partir de ce premier paramètre. C'est souvent le premier sujet de conversation entre amis, dans la famille, ou lors de nouvelles rencontres. Plusieurs d'entre nous en font presque leur seul sujet de conversation. Je me souviens même qu'il y a quelques années, dans une rencontre entre entrepreneurs, on demandait à chacun quelle était sa passion à part le travail. Et c'est là que j'ai réalisé que le travail prenait presque toute la place dans ma vie car je n'ai pas su trouvé une autre passion à l'époque. Mais rassurez-vous, les choses ont bien changé depuis !

Je rencontre régulièrement des gens qui peuvent parler de leur travail sans arrêt pendant des heures, qui à abrutir leur entourage. C'est souvent l'ego qui prend alors toute la place et qui s'identifie complètement au titre professionnel, aux tâches, à la valorisation, au salaire, même. Il recherche l'attention, la reconnaissance, l'admiration, la valorisation. Quand l'ego devient complètement identifié au travail, nous devenons dépendants de notre travail. Et nous nous y perdons. Bien des gens d'ailleurs tombent malades à leur retraite car leur ego panique à l'idée de n'avoir plus rien à raconter, à s'identifier, à se valoriser. Ayant perdu sa principale source d'identification, il a peur d'être anéanti et de ne plus exister.

Tout est une question d'équilibre. La Vie est tellement vaste, ne la limitons pas au travail. Il est sain de s'épanouir par le biais du travail mais celui-ci ne doit pas devenir notre principale source d'identité. Est-ce que notre travail nous permet d'honorer ce que nous sommes ? Ou nous valorisons-nous à travers un rôle qui n'est pas ce que nous sommes vraiment ?

Nous ne nous réalisons pas à cause de notre travail mais bien en étant nous-mêmes, en honorant ce que nous sommes, peu importe où.

Chers patrons,

Ça fait plus de 30 ans que nous travaillons ensemble. À titre privilégiée de consultante, je vous ai côtoyé dans les meilleures périodes comme dans les pires. Je vous ai vus braver les tempêtes et parfois frôler le naufrage. Je vous ai vus faire preuve de résilience et de détermination et parfois d'impatience et de découragement furtif.

Vous êtes des passionnés et des indépendants. Vous êtes forts de vos faiblesses et parfois vulnérables de vos forces. Comme tout le monde, vous avez des qualités et des défauts mais vous ne perdez pas de temps à vous apitoyer sur votre sort : vous foncez, parfois tête baissée, parfois tête haute, mais vous foncez.

Vous avez à cœur le développement de votre entreprise et la rentabilité de celle-ci. Pourtant, vous avez aussi une mission sociale et humaine extraordinaire à remplir mais peu d'entre vous en sont conscients et s'y consacrent vraiment. Quelques-uns même n'y croient pas, préférant occulter cette responsabilité qui nous incombe en tant qu'entrepreneur.

J'ai vu des milliers d'entre vous agir dans le quotidien, alliant efficacité et rendement. Peut-être faites-vous partie de ceux que je préfère, ceux qui savent AIMER leurs employés. C'est tellement rare que le verbe AIMER se retrouve dans la même phrase que le mot patron ! Comme si l'un excluait l'autre.

Pourtant, c'est en aimant vraiment vos employés que vous les amènerez à se dévouer pour votre entreprise, à donner le meilleur d'eux-mêmes, à entrer au boulot le cœur en joie et non l'âme en peine. C'est grâce à votre amour pour l'humain que vous ferez une gestion humaine des ressources et non une gestion des ressources humaines.

Vous aimerez vos employez en ne les jugeant pas, en les respectant, en les écoutant, en les impliquant, en leur parlant, en les encourageant à prendre des initiatives, en communiquant clairement, en utilisant leurs forces, leurs talents et leurs intérêts pour faire de leur travail une joie d'œuvrer au bien collectif. Vous les aimerez en découvrant leurs passions et en leur offrant l'opportunité de l'exprimer dans vos locaux. Vous les aimerez en apprenant à les connaître et à les comprendre, en partageant leurs joies et en soutenant leurs difficultés. Personne ne vous demande de jouer au psychologue ! Votre rôle consiste à aimer vos employés, tout simplement. À ne pas les voir comme des ennemis. À considérer les erreurs comme des besoins de formation et non comme de la mauvaise volonté. À ne pas rompre le lien trop vite car chacun a droit à sa chance juste et équitable.

Ah l'équité ! Parlons-en ! L'amour est équitable aussi ! Sans discrimination et sans frontière, sans distinction du genre ni de la langue. Aimer tous et chacun, même si parfois, c'est moins limpide.

Comme vous, ils apprennent en faisant des erreurs : soyez indulgents. Comme vous, ils préfèrent s'entourer de bonnes personnes et recherchent le bonheur. Comme vous, ils souhaitent que les problèmes se règlent et que les personnes toxiques ne soient pas dans leur environnement. Comme vous, ils ont à cœur la réussite de votre entreprise. Comme vous, ils carburent au succès et à la reconnaissance. Comme vous, ils ont besoin de ne pas être pris pour acquis et de sentir que leur collaboration est appréciée.

Ceux et celles qui se dévouent pour vous recherchent votre approbation, votre reconnaissance, ultimement votre amour. Comme le font vos enfants, si vous avez le bonheur d'en avoir. Cela ne vous coûte rien d'aimer, pourquoi trouvez-vous si difficile de l'offrir ? Réalisez-vous l'importance de votre mission ? Chacun de vos collègues, de vos employés de vos partenaires, de vos associés est un partenaire de liberté pour vous, pour vous accompagner à la découverte de vous, pour apprendre à mieux aimer, à faire équipe ensemble et avec la Vie.

Chers patrons, si vous connaissiez le pouvoir de la gestion par le cœur, vous changeriez le monde dans lequel nous vivons. Vous en avez le pouvoir ! Faites le premier pas et regardez le miracle se produire !

Quand je serai grand

« Quand je serai grand/e, je serai pompier, médecin, clown, chanteuse, acrobate, astronaute, savant, entrepreneur, présidente, je dessinerai des maisons, sauverai des vies, m'occuperai des animaux… ! » Nous jouions aux cowboys et aux Indiens, aux explorateurs, aux aventuriers, aux scientifiques, aux héros.

Vous rappelez-vous quand vous étiez petit/e tous ces rêves qui vous habitaient ? Il n'y avait pas de limites. Nous changions parfois d'idées au gré des jours ou des personnes que nous rencontrions. Certains d'entre nous étaient déjà convaincus de ce qu'ils allaient faire mais plusieurs d'entre eux ont bifurqué en cours de route.

Où sont passés tous nos rêves d'enfants ? Que sont-ils devenus dans nos vies ? Où sont passées toutes ces passions que nous avions ? Et surtout, où est passée cette âme d'enfant qui savait encore rêver, jouer, s'amuser, rire aux éclats, tomber puis se relever et grimper à nouveau. Où est passée cette belle énergie sans fin qui nous habitait, cette insouciance des qu'en dira-t-on, cette saine folie qui faisait de chaque moment un jeu, une aventure, un plaisir ? Où sont passées cette énergie de vivre, cette audace naïve, cette soif insatiable de nous amuser et surtout cette capacité à être totalement présents au moment présent ?

Quand avons-nous commencé à tant nous prendre au sérieux ? À quel moment, à quel endroit avons-nous perdu cette simplicité de vivre ? Quand avons-nous basculé en jugeant plus important d'avoir des obligations que d'être heureux simplement ? À partir de quel événement nous sommes-nous dit qu'il faut travailler fort, faire des efforts, avoir des objectifs plutôt que de dire « Qu'est-ce qu'on pourrait faire de cool là maintenant que nous aimons et qui nous fait plaisir ? »

Je crois profondément que notre âme d'enfant, notre plaisir de vivre, de nous amuser, notre capacité à être heureux simplement sont encore bien présents et bien vivants en nous. Nous les avons simplement enfouis sous des tonnes de déchets inutiles mais qui semblent si importants pour la société. Il est temps de nous débarrasser de tout ce qui nous encombre et de revenir à l'essentiel, à la VIE, à la joie, aux bonheurs simples, au plaisir de savourer chaque moment qui nous est accordé.

Débarrassons-nous de ce que nous n'aimons plus, de ce qui ne nous rend plus heureux, de ce qui nous semble lourd et ennuyant. Mettons en valeur tout ce qui nous rend heureux, ce qui nous fait du bien, ce qui nous stimule ou nous apaise. La Vie est trop courte pour nous faire suer à faire ce que nous n'aimons pas ! Nous seuls avons le pouvoir de choisir de faire ce qui nous rend heureux !

Simplifiez !

Vous trouvez votre vie compliquée ? Vous en avez assez de tous ces problèmes qui se succèdent les uns après les autres ? Vous êtes constamment sollicité ? Vous vous sentez envahi, embourbé, oppressé ? La solution existe : Simplifiez !

Simplifiez votre vie, vos relations, votre quotidien, votre gestion de temps, vos finances même ! La plupart d'entre nous aspirons à voyager léger, pourtant nous traînons tant de choses dans nos bagages ! Nous refusons de laisser aller ce qui ne nous sert plus, nous demeurons attachés à de vieilles valeurs, de vieux objets, des possessions, des habitudes, de vieilles relations.

Nous passons un temps fou à prendre soin de toutes les choses que nous avons achetées, à nous garder à jour au niveau technologique, à maintenir toutes nos relations, à accepter toutes les invitations, à s'inscrire à toutes les activités, à suivre le fil d'actualité sur les réseaux sociaux, à dépenser pour des choses inutiles, à garder de vieilles habitudes simplement parce qu'elles semblent nous rassurer. Mais pourtant, nous voulons vivre plus librement, avoir du temps pour soi, être entourés de gens inspirants, avoir de belles relations significatives, vivre en fonction de nos propres valeurs.

Pour y arriver, il faut faire du ménage, régler ce qui traîne, choisir ses relations, s'entourer de personnes vraies qui nous élèvent, fuir les publicités pour réduire nos dépenses, se débarrasser de ce qui nous encombre, donner, vendre, se libérer de nos vieux carcans. Ne gardons que les activités vraiment inspirantes ou réjouissantes, n'y allons pas par obligation. Réduisons notre temps sur les réseaux et gardons les heures ainsi récupérées pour nous et pour ceux qui nous sont chers. Réduisons notre consommation au minimum. Faisons la liste de ce dont nous ne voulons plus, incluant les habitudes ancrées et nuisibles. Sortons de notre routine de course folle pour prendre du temps à ne rien faire. À ne rien faire d'autre que vivre et respirer !

Posons-nous la question chaque fois que nous sommes sur le point de prendre une décision : en avons-nous vraiment besoin de cet objet, de cette formation, de cette activité, de cette sortie, de cette rencontre ? Si nous voulons nous donner de l'espace pour être heureux avec nous-mêmes, il faut créer cet espace et le remplir de notre amour. Cessons de nous faire violence en remplissant chaque petit moment libre par une activité et gardons-nous du temps de qualité pour aller à notre rencontre.

Simplifions chaque fois que c'est possible. Prenons conscience de ce que nous nous obligeons à faire et à avoir et faisons plutôt le choix d'apprendre à être, en toute simplicité.

Quand on fait plus de ce qui fonctionne le moins !

C'est curieux parfois notre réaction quand quelque chose va mal ! Il semble que plutôt que de nous arrêter et de réfléchir autrement, nous faisons encore plus de ce qui marche moins, comme pour conjurer le sort et espérer un miracle. N'est-ce pas Einstein qui disait que « c'est pure folie de continuer à faire la même chose et d'espérer un résultat différent » ?

Nous croisons parfois sur notre route de ces gens qui, devant une situation de vie insoutenable, vont faire encore plus d'efforts pour tenter de rendre cette situation tolérable plutôt que de changer la source même du problème. Comme si nous espérions qu'en faisant plus de ce qui ne fonctionne pas, nous finirons par avoir un résultat positif ! Peut-être même faisons-nous partie de ces gens qui continuent à faire des efforts parfois surhumains pour corriger une situation désespérée... plutôt que de chercher la sortie ! Un jour, il faut bien se rendre à l'évidence que certaines situations ne sont pas faites pour nous. Pire, qu'elles peuvent même nous être toxiques. Pourtant, nous mettons souvent du temps, beaucoup de temps, pour comprendre que tous nos efforts ne font que nous épuiser et ne règlent en rien une situation déjà minée à la base, un projet mort-né, une relation insoutenable.

Il nous faut du temps aussi parfois pour réaliser que ce n'est pas en faisant encore plus de ce que nous faisons depuis si longtemps et qui ne fonctionne pas que cela finira par marcher ! Soyons assez lucides, assez présents à la réalité et surtout assez bienveillants envers nous-mêmes pour constater que ce qui n'a jamais fonctionné risque de ne jamais fonctionner. Parfois, les éléments réunis ensemble ne fonctionnent tout simplement pas, comme deux éléments chimiques qui provoquent une explosion ensemble, se rejetant mutuellement, alors que d'autres éléments placés ensemble fusionnent et s'unissent pour créer un nouvel élément harmonieux.

Cessons de nous entêter à faire plus de ce qui ne fonctionne pas ! Commençons à trouver d'autres voies d'accès, d'autres pistes. Envisageons d'autres solutions ou une sortie de route pour faire en sorte que ce qui nous détruit peut-être depuis si longtemps soit venu à terme et que nous choisissions enfin la voie de la fluidité, de la bienveillance envers soi, de l'Amour de soi. Renonçons à notre position égotique de vouloir avoir raison et cherchons plutôt une position aimante pour nous, afin que nous puissions poursuivre notre évolution, laquelle est stoppée depuis trop longtemps dans une situation qui nous blesse. Choisissons-nous, plutôt que de chercher à prouver que nous finirons par avoir raison, ce qui risque de ne jamais se produire et de nous détruire.

Nous en avons besoin !

Comment savoir si ce que nous vivons c'est ce dont nous avons besoin ? Pour paraphraser Byron Katie, si nous le vivons, c'est que nous en avons besoin ! De la même manière, nous ne vivons pas ce dont nous n'avons pas besoin en ce moment.

Dans le grand Plan de la Vie, il nous est toujours donné ce dont notre âme a besoin pour son évolution en ce moment. Il n'est toutefois pas dit que cela nous plaira ! Des drames épouvantables, selon notre jugement, jonchent parfois notre parcours. Nous aurons beau crier que nous n'avons pas besoin de vivre une telle catastrophe, la Vie sait toujours mieux que nous ce dont nous avons besoin en ce moment. Je sais, certains d'entre vous seront outrés par mes propos, et diront que le décès d'un être cher, par exemple, n'est certainement pas ce dont ils avaient besoin et que toutes les catastrophes ne se justifient pas ainsi. Et pourtant...

Qui sommes-nous pour dire que la Vie de cet être cher aurait dû se prolonger ? Connaissons-nous son Plan de vie, son contrat d'âme ? La valeur de la Vie ne se mesure pas en nombre d'années mais plutôt dans ce que cette Vie aura apporté aux autres, ne serait-ce qu'à une seule personne. Bien sûr, nous préférerions garder tout près de nous jusqu'à nos derniers jours ceux que nous aimons tendrement, mais cela n'est pas à nous de décider quand tout se termine malgré tous les efforts que nous y mettrons.

Peut-être cela vous révolte-t-il... Moi, cela m'apaise grandement de savoir que tout est toujours pour le mieux même si ce n'est pas selon ma volonté. Il existe une volonté plus grande que la mienne, que la vôtre et c'est elle qui nous guide sur nos chemins respectifs. Notre plus grande souffrance provient de notre refus d'accepter cette volonté. Et notre plus grande Paix est issue de notre accueil de la réalité telle qu'elle se présente à nous à chaque instant. Cela ne signifie pas que nous ne souffrirons jamais, mais cela nous permet de traverser ce que nous considérons comme des épreuves avec un peu plus de sérénité, un peu plus de calme, un peu plus de paix... et un peu plus d'Amour. Ainsi, malgré la douleur, nous n'entretiendrons pas la souffrance inutilement.

Un jour vient, tôt ou tard, où nous pouvons même ressentir de la gratitude pour tout ce qui a fait partie de notre vie, le bon comme le moins bon, selon notre jugement binaire. Une grande paix s'installe alors et le goût de s'en remettre pleinement à la vie, de lui être dociles même, s'installe en nous car nous comprenons que nous n'aurons jamais le dernier mot sur la Vie. La Vie ne nous veut que du bien et veille à notre évolution à chaque instant. Arrêtons d'y résister et de croire que nous pouvons faire de meilleurs choix qu'elle. La Vie sait toujours ce dont nous avons besoin.

Voir au-delà

Si, au lieu de juger, nous pouvions voir ce qui se cache derrière la réaction de l'autre, alors nous aurions des relations totalement différentes avec chacune des personnes que nous croisons dans notre vie !

La majorité des conflits naissent souvent d'une interprétation fausse que nous faisons... de l'interprétation fausse que l'autre se fait ! Si nous pouvions voir qu'une réaction cache toujours une émotion et qu'une émotion cache toujours une blessure encore active, alors nous aurions un point de vue plus large sur ce qui se passe en ce moment plutôt que de réagir sur-le-champ à partir de nos propres émotions... et de nos propres blessures !

C'est particulièrement vraie avec les personnes qui nous sont chères : notre amoureux, amoureuse, nos enfants, nos amis, amies les plus proches. Parce que nous ne prenons pas assez souvent le temps de nous arrêter, de nous déposer, nous sommes souvent sur le mode réactif ou défensif. Il dit quelque chose, alors nous réagissons. Elle fait quelque chose, alors nous réagissons à ce quelque chose, sans chercher à voir au-delà de ce que ce geste ou cette parole signifie pour lui ou elle. Et pour nous.

Si nous pouvions arriver à voir que derrière le geste de retirer sa main brusquement, l'autre personne laisse une blessure antérieure causer une émotion actuelle qui anime ce réflexe ici maintenant, alors nous pourrions avoir un début de discussion aimante sur ce qui se joue ici en cet instant même et nous pourrions y insuffler plus d'Amour pour traverser cet espace entre nous deux. Et si nous pouvions voir que la réaction de l'autre nous fait réagir nous aussi, c'est qu'il y a pour nous aussi une blessure qui nous fait vivre une émotion qui crée notre réaction. L'autre n'est toujours que notre miroir. Tout s'enchaîne comme une suite sans fin et sans séparation entre l'autre et nous.

C'est seulement dans l'ouverture à l'autre et à soi que l'on peut mettre de l'avant cette approche aimante et respectueuse qui vise à nous faire grandir tous les deux. C'est en s'accueillant soi et en accueillant l'autre que nous pouvons établir des bases d'une communication plus transparente et d'un Amour encore plus profond.

Voir au-delà de ce qui est montré, c'est se permettre de vivre pleinement toute relation avec le cœur et l'esprit ouverts et avec le moins de conflits et de souffrances possibles.

Voir au-delà, c'est aussi regarder au-dedans avec Amour.

À trop vouloir aider...

Plusieurs d'entre nous ressentons un immense besoin d'aider les autres. Dès qu'ils nous parlent d'un problème, nous nous mettons en mode solution pour les aider à régler plus vite leurs difficultés. Et même parfois, nous proposons notre aide sans même qu'elle ait été sollicitée ! Telle suggestion de lecture, de vidéo, telle ressource ou même parfois, des conseils bien sentis pour que la personne devant nous sache quoi faire !

Bien entendu, il est fort louable de vouloir aider les autres. Notre éducation et notre société valorisent beaucoup cet aspect et plusieurs, comme moi, gagnons notre vie à aider les autres. Mais quand ce besoin est tellement grand qu'il nous cache la forêt, il y a peut-être lieu de revisiter d'où vient ce besoin d'aider envahissant, souvent pour soi et pour l'autre.

À trop vouloir aider les autres, se pourrait-il que nous évitions de regarder ce que nous-mêmes nous avons besoin de soigner en nous ?

Car pendant tout ce temps et cette énergie que nous mettons à vouloir aider l'autre, nous croyons ne pas avoir à regarder en nous ce qui crie, là, ce qui a besoin d'aide en nous et que nous ne voulons pas aider, justement. Nous trouvons plus facile de prendre soin des autres que de prendre soin de nous ! Et pourtant, chaque personne qui se présente à nous avec, croyons-nous, un besoin de se faire aider, est AUSSI là pour nous faire voir ce même besoin que nous portons en nous à ce moment-là.

L'autre est là pour nous montrer que les conseils que nous avons envie de lui donner gratuitement, c'est à nous que nous devrions les servir. Que le problème ou la difficulté qu'il vit ressemble drôlement, sous une forme ou une autre, à ce problème ou cette difficulté que nous vivons en ce moment. Et depuis plus de 30 ans que je suis coach, je vous assure que cela s'est toujours avéré juste !

Notre besoin d'aider l'autre sans qu'il l'ait demandé vient sans doute d'un grand cœur généreux ; il vient aussi de notre besoin de nous faire aimer, d'être fiers d'avoir pu aider. Mais il vient aussi de notre orgueil de croire que nous savons mieux que l'autre ce dont il a besoin ou ce qu'il devrait faire. Et surtout, il vient du fait que, regarder le besoin de l'autre et y répondre, nous permet d'éviter de regarder notre propre besoin... et d'y répondre. Ce qui nous amène même parfois à attendre que quelqu'un d'autre vienne répondre à NOTRE besoin à NOTRE place !

Aider l'autre ? Oui, sans l'ombre d'un doute ! Mais s'aider soi d'abord. Se soigner soi d'abord, avec courage, en toute lucidité et avec bienveillance, c'est aussi se permettre de finir par comprendre que l'autre a bien plus besoin de notre bienveillance que de nos conseils ou de notre aide à tout prix. L'écoute, le geste approprié et silencieux et la douceur font bien plus pour une âme en peine que toute autre aide fournie avec effort et ego.

L'enfer de la comparaison

Vous voulez vivre en enfer ? Alors comparez ! Comparez les choses, comparez les gens, comparez-vous aux autres et vous serez assurés de vivre en enfer... dans votre tête !

Chaque fois que nous comparons, quoi ou qui que ce soit, nous jugeons. Et quand nous jugeons, nous ne sommes pas dans la réalité, nous sommes dans nos croyances : le service ici est meilleur que celui de l'autre restaurant, cette amie est beaucoup moins positive que l'autre, je ne réussis pas comme untel qui fait le même métier, mon épouse est plus jolie que la sienne, mon amoureux est moins attentionné que le tien, c'est plus difficile avec ma fille qu'avec mon fils.... Comment vous sentez-vous à lire ces quelques mots ? Sentez-vous la tension ou la crispation monter en vous ?

Et que dire quand nous nous comparons aux autres ou pire encore à ce que nous croyons que nous devrions être ! Nous nous faisons vivre l'enfer dans notre tête et dans notre corps à force de croire que nous ne sommes pas assez ceci (par rapport à quoi ?) ou trop cela, que nous n'avons pas la même aisance qu'un tel, qu'un autre est un pro du marketing alors que nous n'y connaissons rien (ou de l'informatique, des finances, des médias sociaux, peu importe). Nous comparer aux autres, à un seul autre, ou à l'image que nous aimerions avoir de nous-mêmes, c'est le contraire de l'estime de soi. C'est une descente assurée aux enfers.

Chaque fois que nous comparons, nous sommes en train de refuser la réalité comme elle est. Nous ne sommes pas dans le moment présent. Nous sommes dans le conditionnel. Et nous souffrons car nous ne pouvons rien changer au conditionnel.

Comprenons qu'à force de vouloir que la réalité soit autre chose que ce qu'elle est, nous nous en éloignons, nous créons une distance avec les autres et nous nous renions. Nous signons un passeport pour une vie de misère où nous ne serons jamais heureux, jamais satisfaits.

Alors il est plus que temps de cesser de comparer tout et son contraire, d'accueillir ce qui est, car c'est cela la réalité actuelle, et de nous accueillir tels que nous sommes, en cheminement, chacun d'entre nous. Peu importe nos routes, aucune n'est meilleure ni pire qu'une autre : notre route à nous est celle dont nous avons besoin, nous. C'est notre réalité.

Vous voulez vivre au paradis ? Alors accueillez ce qui est !

Laissez de l'espace !

Notre besoin d'avoir l'impression de contrôler notre environnement occupe souvent tout l'espace autour de nous.

Nous fixons des objectifs bien précis, nous fournissons quantité d'efforts pour tenter de les atteindre, nous essayons de contrôler tout ce qui se met en travers de notre chemin et nous occupons ainsi tout l'espace autour de nous, refusant de faire de la place pour que la Vie nous surprenne ou intervienne.

Nous faisons tout ce que nous croyons devoir faire pour que nos relations soient harmonieuses, nous efforçant d'être compréhensifs, tolérants, ouverts afin que l'autre nous reflète à quel point nous sommes donc compréhensifs, tolérants, ouverts, mais en agissant ainsi, nous ne lui laissons pas la place d'être ce qu'il est et nous remplissons l'espace plutôt que de nous permettre d'être ce que nous sommes, pleinement, sans compromis.

Nous aimerions contrôler les réactions, les pensées, les décisions de ceux qui nous sont chers et nous oublions ainsi de leur laisser l'espace nécessaire pour qu'eux-mêmes puissent assumer leurs réactions, leurs pensées, leurs décisions.

Et quand nous sommes en conflit avec quelqu'un, nous ressassons sans cesse dans notre tête tous les scénarios possibles et impossibles, les discussions que nous nous imaginons avoir avec cette personne. Nous remplissons ainsi l'espace dont notre tête et notre cœur aurait besoin pour que l'amour s'y installe ou s'y ré-installe.

Laissons de l'espace dans notre vie. Créons de la place en nous pour être pleinement nous-mêmes, autour de nous pour que les autres puisent être vrais. Laissons de l'espace pour que la Vie puisse se manifester en nous, à travers nous, autour de nous. Laissons de l'espace aux autres pour qu'ils puissent à leur tour respirer et faire de la place pour la relation. Arrêtons de remplir chaque petite parcelle de vide de nos pensées, de nos peurs, de nos comportements compulsifs. Cédons la place à la paix, à la douceur, à l'autre, à Soi, à la Vie. Car tout ce qui viendra de cet espace créé avec amour en nous et autour de nous sera toujours de l'Amour.

Changement de cap

Lorsqu'un gros paquebot doit dévier de sa course pour éviter un écueil imprévu, comme un iceberg, il ne peut le faire instantanément : tout changement de trajectoire nécessite que le bateau ralentisse son erre d'aller avant d'ajuster son orientation vers le nouveau cap visé. Un seul degré d'ajustement peut complètement changer la trajectoire et la destination !

Nos changements de vie importants font penser à ces bateaux qui doivent prendre une décision de changement de cap bien avant d'être trop près de l'iceberg fatal. Parfois dans notre vie, nous réalisons que la trajectoire que nous avons empruntée depuis tant d'années ne nous mènera pas à la destination que nous voulons atteindre. Nous avons changé, en cours de route, nos envies, nos besoins, nos désirs, nos goûts et nos priorités se sont modifiés au fil du temps et nous ne visons plus la même chose qu'il y a 20 ou 40 ans.

Nous faisons alors des choix différents, nous orientons nos décisions, notre parcours de vie différemment et nous voudrions déjà être, sinon rendus, du moins en direction de notre nouveau cap. Nous nous impatientons même de ne pas voir se manifester tout de suite dans notre vie les résultats de tous ces changements que nous faisons, de nos nouvelles façons de faire, d'être, d'aimer, de choisir, de penser. Et il nous tarde de comprendre comment il se fait que ces changements ne s'opèrent pas instantanément.

Il faut nous rappeler que le paquebot a besoin de ralentir sa course pour opérer le changement de cap souhaité. Son erre d'aller le pousse à continuer dans la même trajectoire, tout comme nos anciennes habitudes continuent d'opérer et nous poussent à obtenir des résultats semblables à ceux du passé.

Notre présent est le résultat des choix que nous avons faits dans le passé. Il est donc normal que les nouveaux choix que nous faisons aujourd'hui ne se manifestent pas toujours instantanément. Nos décisions antérieures continuent sur leur erre d'aller, jusqu'à ce qu'elles soient toutes réalisées et que notre nouveau changement de cap produise l'ajustement de direction attendu. En attendant, il nous est demandé d'être patients et de maintenir notre nouveau cap sans nous décourager, sachant que tous nos nouveaux choix se manifesteront concrètement dans notre vie tôt ou tard. Il faut un certain temps avant que le changement de cap soit perceptible.

Toutes nos décisions d'aujourd'hui influencent notre vie de demain. Est-ce que ce que notre vie d'aujourd'hui ressemble à ce que nous voulons qu'elle soit ? Alors il n'est jamais trop tard pour rajuster le cap.

Conversations avec l'univers

Nous sommes constamment en train de converser avec l'Univers. Même à notre insu. Et, de ce fait, nous sommes constamment en train de créer notre réalité, que nous le voulions ou non, que nous en soyons conscients ou non.

Chaque discours intérieur que nous tenons est en train de fabriquer notre lendemain. Chaque mot, chaque jugement, chaque pensée que nous avons et que nous prenons pour vérité crée notre réalité de demain. Si nous sommes sévères envers nous et que nous nous jugeons constamment parce que nous ne « réussissons » pas à être parfaits comme nous croyons que nous devrions l'être, chacune de ces pensées nous incite à croire que nous ne sommes jamais assez bons, jamais assez parfaits, jamais assez ceci ou cela.

Chaque fois que nous jugeons notre voisin ou notre ami, nous créons dans notre tête tous les espaces nécessaires pour que notre réalité finisse par ressembler à ce que nous croyons. Ainsi, si nous pensons que notre ami n'est pas assez aimant, nous nous fermons à toute autre éventualité qu'il pourrait offrir et qui ne serait pas conforme à notre croyance. Si nous pensons que notre amoureux n'est pas assez démonstratif, alors nous nous mettrons à voir seulement ce qui nous donnera raison dans notre croyance, notre fausse croyance.

Toutes les conversations que nous avons dans notre tête, même si nous les estimons anodines et sans conséquence, sont des conversations avec l'Univers : nous sommes en train de dire à l'Univers : « vois-tu, c'est ce que je crois, moi, en ce moment, et je veux que tu me montres que j'ai raison ! » Alors, notre mental fera tout pour nous prouver que nos fausses croyances sont justifiées par les comportements et les agissements de cet autre que nous jugeons.

Nous sommes constamment en train de discuter avec l'Univers. Est-ce que nos discussions sont en train de créer notre bonheur ou notre enfer ? Est-ce que nous préférons avoir raison ou être heureux ? Si nos discours intérieurs sont conçus de l'orgueil pour nous prouver que nous sommes supérieurs ou que nous avons raison, alors bienvenue en enfer ! Tout concourra à nous donner raison mais dans la souffrance et la difficulté. Si nos discours intérieurs sont conçus à partir de l'Amour et de l'humilité, tout l'Univers conspirera à nous donner raison et à nous faire voir tout ce qui est Amour et humilité.

À chaque instant de notre vie, nous créons notre réalité. Si nous voulons être heureux, ne choisissons que des pensées et des discussions qui nous rendent heureux. Et si notre réalité actuelle nous fait souffrir, alors prenons conscience que nous sommes toujours responsables de ce que nous pensons et croyons et donc de ce que nous nous créons comme réalité. Dès maintenant, nous pouvons transformer le cours de notre vie en changeant nos pensées et nos croyances. Ce que nous vivons n'est la responsabilité de personne d'autre que de nous-mêmes. Difficile ? Peut-être. Mais cela signifie aussi que nous avons le pouvoir et la capacité de changer notre réalité, une pensée et une croyance à la fois, dès cet instant même.

Nous sommes tous aimés inconditionnellement

Chacun d'entre nous, nous sommes aimés inconditionnellement par la Vie, par Dieu, par Allah, par l'Univers, par l'Énergie… Appelez cette puissance supérieure comme bon il vous semble, il demeure que si nous prenons le temps de nous arrêter et de ressentir tout cet Amour qui nous entoure en permanence, nous n'aurons plus envie de faire toutes ces courbettes et de jouer tous ces rôles factices pour être aimés des autres.

Peu importe le regard que les autres poseront sur nous, si nous savons que nous sommes aimés par cette Puissance supérieure, alors rien ne pourra venir affecter cet Amour immense qui remplit notre âme. Si en plus nous apprenons à nous aimer, d'autant plus que nous nous sentons déjà aimés, alors nous détenons la clé de notre paix intérieure, de notre solidité personnelle, de notre confiance en la Vie, tant dans ses beautés que dans les travers mis sur notre route.

Sentir que nous sommes, à chaque instant, portés par plus grand que Soi nous ouvre les portes de la félicité intérieure. C'est la rencontre ultime avec la paix intérieure, celle que nous passons notre vie à chercher au-dehors alors qu'elle est là, au-dedans de nous et partout en nous, en permanence et depuis toujours.

Et le plus beau de tout ça, c'est que nous n'avons rien à faire pour être aimés par cette Puissance supérieure ! Rien ! Pas de courbettes, pas de rôle à jouer, pas de masque à porter, pas d'effort à faire, pas d'hypocrisie à jouer. Nous sommes aimés tels que nous sommes, sans avoir à faire quoi que ce soit !

Lorsqu'enfin nous sentons cet Amour inconditionnel qui nous attend là, en nous, nous savons que plus rien ne pourra nous l'enlever. C'est la fin de la course, des efforts, des peurs, des manques et des mensonges.

Et vous, le sentez-vous à quel point vous êtes aimés, au-delà de tout ce que vous pouvez vous imaginer ? Prenez le temps de vous arrêter et de ressentir cet Amour qui est là en permanence, toujours présent en nous, quoi qu'il arrive, quoi que nous fassions. Nous sommes aimés et nous sommes l'Amour. C'est enfin la paix de l'âme qui s'installe !

Un autre sens à la souffrance

Je reçois chaque jour des messages de lecteurs et lectrices aux prises avec de grandes souffrances auxquelles ils peinent à donner un sens. Quand on est dans cette souffrance, il est difficile de s'en extirper pour voir plus grand.

Pour ma part, je crois que la majorité de notre souffrance vient de notre résistance à la réalité : tant que nous refusons la réalité comme elle est, que nous voudrions que cet accident n'ait jamais eu lieu, que cette maladie ne soit pas présente, que cette séparation ne soit pas définitive ou que ce décès ne soit jamais arrivé, nous souffrons. Nous souffrons aussi longtemps que persiste notre résistance à accepter ce qui est. Et c'est normal, car nous voudrions que la réalité réponde toujours à nos attentes. Malheureusement, nous n'avons jamais le dernier mot avec la Vie. Et nous ne pouvons pas changer ce qui est déjà arrivé.

Pour plusieurs, il est inconcevable de donner un sens à cette souffrance. Et on peut facilement comprendre que lorsque l'horreur nous touche, nous ne pouvons, sur-le-champ, accueillir ce qui est comme une lettre à la poste. Nos émotions, notre chagrin, notre résistance, notre déni viennent accentuer ce sentiment d'injustice et de colère qui nous habite. Et c'est normal. Je crois aux cadeaux mal emballés, je crois qu'il y a une raison à tout. Mais peut-être n'est-ce pas votre cas. Je propose alors une autre option : et si la souffrance faisait partie de nos labours ? Si la Vie, dans sa grande sagesse, agissait comme un cultivateur qui laboure ses champs au printemps avant d'y semer ses meilleures graines pour obtenir la plus belle récolte qui soit ? Qui retourne la terre encore et encore pour la rendre plus souple et prête à recevoir les nouvelles semences ? Peut-être que la Vie nous prépare ainsi, en labourant notre âme, à y semer quelque chose de plus grand encore, de plus beau, de plus pur, pour qu'enfin le temps des récoltes arrive ?

Évidemment, cela n'empêche pas la souffrance. Mais de savoir au fin fond de nous, au-delà de notre ego qui résiste, qui a mal et qui trouve que c'est injuste, que peut-être la Vie a un autre plan plus grand pour nous et qu'elle nous y prépare en rendant notre terreau plus fertile nous réconforte quelque peu ? Nous ne connaissons pas à l'avance les desseins de l'univers. Mais j'aime croire que la Vie sait mieux que nous ce dont nous avons besoin et que si l'on souffre un jour, c'est pour mieux labourer notre terrain afin de le rendre plus accueillant pour une mission plus grande que ce à quoi nous étions préparés. Au final, qui sommes-nous pour juger que la Vie puisse se tromper ? Elle sait toujours exactement ce dont nous avons besoin, que cela nous plaise ou non.

Être conscient ou être heureux ?

Qu'est-ce qui est le plus important pour vous : être conscient ou être heureux ?

Certaines périodes de notre vie sont fortement propices à une belle avancée sur notre chemin d'évolution. Et il n'est pas toujours nécessaire de souffrir pour évoluer ! Plus nous avançons sur notre chemin – nous avons tous des chemins différents – plus nous prenons conscience de certaines choses essentielles pour nous : nos peurs, nos croyances cachées, nos mauvaises habitudes, la résurgence de vieilles blessures enfouies ou que l'on croyait guéries, des défis, des événements inattendus...

Certaines prises de consciences sont comme des illuminations qui éclairent notre ciel. D'autres sont douloureuses et nous font mal jusqu'au tréfonds de notre cœur.

Plus nous devenons conscients, plus nous ouvrons notre cœur aux apprentissages de la Vie. Le développement de notre conscience, de notre présence à soi et à la réalité, telle qu'elle est, devient le moteur même de nos actions et de nos décisions. C'est dans la conscience de ce qui est que se développe l'Amour inconditionnel.

Évidemment, être conscients ne nous garantit pas nécessairement un bonheur permanent. Par contre, la conscience nous amène à ouvrir notre cœur dès lors qu'une situation semble nous faire souffrir. Nous voyons plus rapidement notre ego à l'œuvre, notre résistance, nos vieilles blessures. Nous développons le réflexe d'ouvrir plus rapidement notre esprit et d'accueillir ce qui est, sans résister, même si cela n'est pas conforme à nos attentes. Ainsi, plutôt que de nous emporter, de rager ou de maudire le ciel et l'enfer, nous vivons dans une paix intérieure dont les vagues ne ressemblent plus à un tsunami mais plutôt à une mer calme et vivante.

Évidemment, nous voulons tous être heureux. Mais vouloir être heureux ne nous garantit pas un bonheur permanent. Dès qu'il nous arrive quelque chose qui menace notre bonheur, nous souffrons. Par contre dans la conscience, s'il nous arrive quelque chose qui menace notre paix intérieure ou notre bonheur, nous savons que cela est pour le mieux et nous nous ouvrons à l'expérience plutôt que d'y résister. Nous sommes ainsi plus forts et plus solides face à cette Vie qui se déploie pour nous.

Ainsi, je crois vraiment qu'il est plus important d'être conscients que d'être heureux, car en étant conscients, nous retrouvons plus vite cet état de paix intérieure que l'on appelle le bonheur !

Dire les non-dits

C'est un merveilleux exercice de libération que d'apprendre à dire le non-dit ! Vous savez, parler cet éléphant au milieu de la pièce ? Tout le monde le voit mais personne n'ose en parler ! Et qui prend toute la place ! Mais pourtant, quelle douce paix intérieure s'installe une fois que ce qui était gardé sous scellé est enfin nommé !

Le non-dit caractérise la plupart de nos peurs. Nous avons peur de ne pas être à la hauteur, mais nous ne l'exprimons pas. Nous avons peur de déplaire à notre amoureux, mais nous n'osons pas le mentionner. Nous avons peur de l'abandon, mais nous faisons semblant que ce n'est pas le cas.

Chaque fois que nous nous enfermons dans le non-dit, nous faisons grossir la peur et lui laissons toute la place : désormais, c'est elle qui nous mène par le bout du nez et qui nous fait adopter des comportements compensatoires, évitants ou dépendants, agressifs ou soumis.

Tous ces non-dits faussent toutes nos relations où ils existent. Car comment avoir une relation authentique si une partie de nous ou de la relation n'est pas exprimée, n'est pas connue de l'autre personne ? Et comment améliorer la situation si nous ne parlons pas ?

Quand nous laissons le non-dit et la peur prendre le dessus, nous créons des scénarios catastrophiques dans notre mental, qui nous font croire que si nous parlons, quelque chose de grave en résultera. Et nous finissons par cohabiter avec un monstre dans notre tête qui nous gâche la vie. C'est un poids lourd sur nos épaules et dans notre cœur.

Et pourtant, c'est souvent l'inverse qui se produit. Si nous exprimons nos peurs, nos besoins, notre difficulté, en parlant à partir de notre cœur, il y a de fortes chances que l'autre puisse accueillir ces sentiments et y répondre avec bienveillance. Si les personnes impliquées dans la relation sont matures affectivement et émotivement, cette véritable communication enrichira la relation au-delà de ce que nous pouvons imaginer.

Bien entendu, pour cela, il faut apprendre à affronter sa peur et SE dire enfin ! Dire ce que nous portons, ce dont nous avons peur, dire nos blessures, nos limites, nos envies, nos faiblesses, nos limites. Au-delà de cette peur se trouve enfin la relation authentique dont la plupart d'entre nous rêvons. Basée sur la transparence, la bienveillance, la confiance et la compassion, cette relation pourra s'épanouir sans que ces non-dits la minent par en-dessous.

Une fois la peur surmontée, nous réalisons qu'un poids énorme se libère de nos épaules car nos peurs sont basées sur nos pensées et nos fausses croyances et donc, ne sont jamais conformes à la réalité. Nos peurs disparaissent quand nous acceptons de les regarder en face.

Chaque non-dit est une occasion ratée d'être vrai. Mais quand ces non-dits sont enfin révélés au grand jour, il y a de l'espace qui se crée pour encore plus d'Amour, de liberté, pour l'autre comme pour soi. Dire ces non-dits, c'est accéder à une relation vraie et sincère. Et c'est surtout se donner l'opportunité d'évoluer, d'améliorer ce qui peut l'être, de trouver des solutions, d'être vrais, d'être enfin soi !

Nos relations

C'est à nous de déterminer de que nous faisons de nos relations, comment nous les percevons et ce que nous y apprenons. Nous pouvons choisir de faire de chacune de nos relations avec autrui un enfer ou une merveilleuse occasion d'élévation spirituelle.

Si nous voyons l'autre comme notre ennemi, si nous le jugeons, si nous en avons peur, si nous nous en méfions, si nous croyons qu'il nous fait, volontairement ou non, du mal, alors nous vivons en enfer. Nous pouvons lui faire porter tous les rôles que nous voulons. Cela détermine aussi la qualité de la relation que nous avons avec cet autre : voulons-nous vivre l'enfer ou apprendre quelque chose de cette relation ?

Si nous croyons que l'autre est mis sur notre chemin pour nous faire voir que ce que nous avons à apprendre, pour guérir une blessure, pour mettre en lumière notre propre zone d'ombre que notre amour n'a pas encore éclairé, alors nous verrons l'autre comme un partenaire de liberté, comme un guide, comme un cadeau que la Vie nous fait pour nous éveiller à notre véritable nature. L'autre peut être porteur de nos plus grands malheurs, ou porteur de notre libération. Mais c'est à nous de décider ce que nous en faisons !

Difficile à accepter ? J'en conviens. Mais à partir du moment où, même si l'autre nous irrite, nous pouvons déjà commencer à nous demander ce qui nous irrite chez lui et ce que cela vient réveiller en nous, nous ne sommes déjà plus dans le jugement et l'accusation, nous sommes dans l'humilité et l'ouverture. Cela change toutes nos relations.

Cela ne signifie pas que nous devions tolérer que l'autre nous traite mal, nous fasse du mal ou toute autre chose néfaste. Cela signifie que nous acceptons de voir le rôle qu'il vient jouer dans notre vie avant de prendre notre décision sur ce que nous voulons, ce que nous faisons de cette relation.

En acceptant que l'autre est toujours là pour nous révéler à nous, malgré lui, nous nous ouvrons à faire des pas de géant dans notre ouverture de conscience, dans notre élévation spirituelle, dans notre connaissance de nous-mêmes. En laissant tomber le jugement et l'accusation, le blâme et les reproches, nous nous libérons de ce qui nous détruit à petit feu, de la tension que crée notre réaction et nous accueillons chaque situation pour ce qu'elle est : une expérience qui nous rapproche de nous, pour peu que nous ouvrions notre cœur à la Vie et à ce qu'elle nous enseigne. Il ne s'agit pas de garder des relations toxiques dans notre vie, il s'agit plutôt de voir ce qu'elles sont venues mettre en lumière en nous afin de nous en libérer. Et ça, ça n'a pas de prix !

Avoir raison… ou évoluer et se libérer !

Bien sûr que notre ego préfère avoir raison ! Tout le temps ! Il ne veut pas reconnaître qu'il s'est trompé ou pire, qu'il a tort. Ainsi, notre désir d'évoluer est toujours limité par le besoin de notre ego d'avoir raison. Nous avons beau prétendre que nous sommes ouverts d'esprit, que nous voulons évoluer, avancer, comprendre, que nous accueillons le changement sans réticence, dès que notre ego est confronté à la réalité de se voir avec ses limites, nous résistons de toutes nos forces à l'ouverture qui nous est demandée pour évoluer.

Ainsi, même si nous sommes d'accord pour dire que l'autre est notre miroir et qu'il nous aide à guérir nos blessures anciennes ou à nous corriger d'un trait indésirable, dès que l'opportunité est là de faire un changement avec ouverture d'esprit pour transcender cette blessure ou ce cheminement, si notre ego se sent menacé, alors tout notre être résistera à cette opportunité d'évolution, persuadé qu'il a raison de s'y opposer « cette fois-ci » !

Notre ego se sent toujours menacé dès qu'il est contredit ou challengé. Il faut donc apprendre à voir à quoi il résiste dès que nous sentons cette contraction dans notre corps qui refuse de s'ouvrir au nouvel apprentissage ou à la guérison proposée.

Chaque fois que nous sentons une résistance en nous, c'est le signe que notre ego est en train de se rigidifier. Pour débusquer notre ego à l'œuvre, soyons sensibles à nos résistances et trouvons à quoi il résiste. En cela même, notre ego peut être d'une grande utilité car chaque fois qu'il se sent menacé et qu'il s'insurge, il nous montre ce que nous avons à guérir, cela même qui se contracte en nous. Chaque fois qu'il a peur, nous avons le choix : résister et nous battre ou nous libérer et évoluer.

Chaque fois qu'une vieille blessure est réveillée, ce n'est pas pour nous faire souffrir, c'est pour nous permettre de lui accorder notre attention, notre amour, et la guérir. Si nous laissons l'ego tout faire pour préserver notre blessure, parce qu'elle lui sert à nous trouver des excuses pour ne pas avancer ou pour rester dans la victimite, nous ne pourrons pas transcender cette blessure afin de la transmuter en une nouvelle force qui nous servira de pilier.

Si nous avons l'impression d'être menacés par le commentaire d'une personne proche, c'est encore notre ego qui élève ses barricades pour nous éloigner de l'autre. Si nous utilisons notre passé pour justifier nos comportements présents, c'est toujours notre ego qui se sert de ce passé pour préserver son identité et ne pas changer.

Si le comportement d'une autre personne nous intimide, c'est encore notre ego qui a peur de ne pas être à la hauteur.

Bref, chaque fois que notre ego se sent menacé, il nous indique clairement ce que nous avons à accepter et à changer en nous. Toute résistance est une manifestation de l'ego et une piste évidente de ce dont nous avons besoin de prendre soin en nous pour nous en libérer. Notre ego veut avoir raison mais notre âme, elle, veut évoluer et se libérer : alors qui laisserons-nous gagner ?

Une crise ? Chouette !

Rares sont les personnes qui recherchent consciemment les crises, les conflits, les difficultés, les problèmes, la douleur, la souffrance. Nous cherchons presque tous à les éviter car peu de gens aiment souffrir, cela va de soi.

Pourtant, nous souffrons tous ! Tôt ou tard, parfois même souvent, nous vivons des crises dans notre vie, des moments où ce que nous avions cru stable et solide jusqu'alors, s'effondre face à un événement, une parole, une attitude ou un imprévu qui peut aller jusqu'à tout remettre en question.

Selon le niveau d'estime de soi que nous avons développé, selon la solidité de notre Foi envers la Vie, nous ferons face avec plus ou moins de succès à ces crises, que nous avons peut-être provoquées sans le vouloir ou qui nous arrivent sans que nous les ayons consciemment souhaitées.

Pourtant, nous vivons toujours exactement l'apprentissage que nous avons demandé. Bien sûr, nous ne l'avons sans doute pas demandé sous la forme d'une crise, mais comme chaque crise est une occasion de croissance extraordinaire, pour peu que nous ayons le courage d'y faire face et de l'aborder avec ouverture, nous devons découvrir quel est le cadeau caché derrière cette nouvelle étape de notre vie.

Chaque crise est une étape de croissance, de prise de conscience, d'ouverture du cœur, de lâcher prise, d'ouverture à l'autre aussi, à la condition que nous ne laissions pas notre ego l'emporter sur la leçon que la Vie nous offre sur un plateau d'argent. Et ce n'est pas parce que nous ne trouvons pas toujours tout de suite l'apprentissage que cette crise nous apporte que nous devons cesser de croire en la perfection du grand Plan de la Vie.

Toute situation conflictuelle, confrontante, qui nous met face à nos limites, à nos peurs, qui réveille nos blessures, est là pour nous réveiller. Toute relation qui représente un défi est présente dans notre vie pour nous éveiller en mettant en lumière ce que NOUS avons besoin de prendre soin en nous.

Chaque fois que notre ego se manifeste, chaque fois que nous résistons, chaque fois que nous avons peur, c'est que nous sommes prêts à ouvrir notre cœur, à lâcher prise, à faire confiance et à dépasser nos limites. Même si nous n'en sommes pas encore conscients.

Le but de tout cela c'est justement de nous amener à être conscients, à vivre pleinement le moment présent. Toutes ces situations, ces relations sont des moments de dépassement, d'éveil, de guérison, de prises de conscience, d'accueil, de lumière.

Avec du recul, si nous revisitons nos principales crises dans notre vie, et si nous sommes honnêtes envers nous-mêmes, nous pouvons maintenant trouver ce que chacune nous a permis d'acquérir en apprentissage, en conscience, en maturité ; en simplicité, en guérison même souvent.

Aucune crise n'est inutile ni vaine, à moins que nous ne fermions notre cœur et laissions notre ego la gérer. Chaque crise est une occasion de croissance exceptionnelle. En restant dans l'Amour, dans le moment présent, dans l'ouverture et surtout dans la conscience que cette crise nous est nécessaire et salutaire, non seulement pourrons-nous découvrir rapidement l'apprentissage ou la guérison qui s'y trouve, mais nous souffrirons moins longtemps et pourrons la traverser avec un sentiment de paix et de reconnaissance pour ce qu'elle nous aura permis d'apprendre et pour l'opportunité de grandir qu'elle nous offre chaque fois.

Ainsi, la Vie devient une danse avec laquelle nous valsons. Chaque relation et chaque situation deviennent un nouveau pas que nous apprenons. Dès que nous cessons de résister, nous cessons de souffrir car nous voyons toute la magnificence de la Vie, nous la voyons se déployer pour nous, pour nous éveiller à nous, pour nous libérer de nos entraves, pour ouvrir notre cœur et pour nous apprendre à aimer.

Ainsi, nous développons la paix du cœur et de l'esprit. Nous développons l'accueil et l'ouverture. Nous développons l'Amour et la compassion. Nous apprenons à danser avec la Vie et nous voyons chaque situation, chaque relation comme une opportunité de grandir et de nous éveiller à notre pleine conscience en nous reconnectant à notre propre lumière.

Lorsque nous comprenons comment fonctionne le Grand Jeu de la Vie et que nous voyons enfin au-delà du voile, nous pourrons peut-être aborder les défis en disant : « Chouette ! Une crise ! Une occasion de croissance m'est offerte ! Allons voir le cadeau qui s'y cache ! »

Les messagers de la vie

Souvent nous adressons des questions à la Vie et nous attendons les réponses à partir de nos seuls critères. Certains d'entre nous, plus hardis, demandent à la Vie de les aider à évoluer rapidement, se disant prêts à apprendre et à comprendre. En d'autres temps, nous aimons croire que nous sommes ouverts aux apprentissages, que nous sommes « évolués » et que nous sommes même, parfois, plus sages que les gens qui nous entourent.

Et pourtant ! N'avons-nous rien compris encore ? N'avons-nous pas compris que la Vie nous envoie constamment des messagers sous différentes formes pour nous aider à évoluer, à comprendre, à apprendre, à progresser sur notre chemin de vie ? Mais au lieu de nous ouvrir en toute humilité, nous nous posons en ardents défenseurs de la cause et nous laissons notre ego spirituel tenter de décider ce qui est le mieux pour nous.

Pourtant, à chaque instant, la Vie nous envoie ses meilleurs messagers pour nous aider à évoluer mais nous refusons de voir et de croire que le quidam que nous croisons puisse être un enseignant spirituel de qualité pour nous !

En fait, TOUTES les personnes que nous rencontrons, que la Vie met sur notre chemin sont là pour nous faire évoluer. Aucune personne n'est dans notre vie par hasard et même les personnes qui nous irritent le plus, que nous jugeons le plus, que nous toisons de haut, sont celles-là même qui nous ferons le plus avancer, si nous arrivons à mettre notre ego de côté et à nous ouvrir aux apprentissages en toute humilité.

Mais tant que nous nous croirons supérieurs aux autres ou que nous jugerons qui est suffisamment adéquat pour nous enseigner et qui ne l'est pas, alors nous passons à côté des plus belles occasions d'élévation qui soient !

Tant que nous croirons que c'est à nous de déterminer qui est digne de nous enseigner et qui ne l'est pas, nous retardons notre éveil spirituel.

Toute personne qui croise notre route, fut-ce un mendiant ou un roi, est toujours un messager de la Vie.

L'ignorance crée la souffrance

Quand nous refusons de voir notre responsabilité dans ce que nous vivons, nous agissons bien souvent par ignorance.

Ainsi, nous ne savons pas, ou nous avons oublié que :

- Nous sommes toujours responsables de nos réactions face à ce que nous vivons
- Nous attirons ce que nous portons en nous
- Nos blessures que nous n'avons pas soignées guident notre vie à notre insu
- Nos fausses croyances nous privent de l'abondance
- Notre ego nous prive de notre liberté
- La qualité de nos relations avec les autres dépend de la qualité de la relation que nous avons avec nous-mêmes
- Notre besoin d'avoir raison et de ne pas perdre la face nous fait perdre des relations précieuses
- Nos peurs attirent ce que nous redoutons
- Ce que nous reprochons à l'autre, nous le portons en nous mais refusons de le reconnaître
- Nous avons en nous toutes les ressources dont nous avons besoin
- Nous ne sommes pas séparés des autres, nous sommes tous unis
- Nous avons tendance à nous fuir dans le travail, les activités, les conflits, les dépenses, les dépendances
- Nous avons peur de notre propre puissance
- Nous croyons que l'autre a le pouvoir de nous rendre malheureux ou heureux
- Nous croyons que nous savons mieux que l'autre ce qu'il devrait faire ou ce dont il a besoin
- Nous préférons bien souvent nous plaindre plutôt que de solutionner le problème
- Notre propension à juger est ce qui cause la plus grande distance entre nous et les autres

Notre ignorance du fonctionnement de la Vie crée notre souffrance. Mais ce que nous refusons de voir en crée encore plus. À partir du moment où nous savons que nous avons en tout temps le choix d'être heureux ou malheureux, il nous revient d'assumer notre plein potentiel et de cesser de blâmer l'autre pour notre souffrance. C'est la clé de la liberté.

S'accrocher à ses problèmes

Avez-vous remarqué combien certaines personnes tiennent davantage à conserver leurs problèmes qu'à les solutionner ?

Depuis toutes ces années où je fais du coaching, je remarque souvent que bien des personnes, sans s'en rendre compte, sont tellement attachées à leurs problèmes que toutes les suggestions que vous pouvez faire pour les aider rencontrent un « oui mais » rempli de fermeture et de refus de changer.

Loin de moi l'idée de les en blâmer, parce qu'elles ne se rendent pas compte que leur ego (eh oui ! Toujours lui !) ne veut PAS régler leur problèmes car alors il perdrait une raison de se plaindre ou de blâmer l'autre, ses passe-temps préférés !

Récemment je proposais à une connaissance une activité qui offrait justement des solutions au problème qu'elle relate depuis des années mais à la dernière minute, elle a refusé d'y participer. Parfois, le besoin d'attachement au problème est tellement fort chez certaines personnes que toute solution proposée rencontrera un droit de veto inflexible. Bien des gens préfèrent se plaindre plutôt que de régler la source de leur problème. En fait, pour être plus juste, nous préférons 1000 fois blâmer l'autre pour notre problème que d'assumer notre propre responsabilité à régler notre part du problème.

D'ailleurs je suis encore étonnée de constater combien mes articles sur la souffrance et la douleur causée par les situations ou les autres rencontrent presque 5 fois plus de « j'aime » que ceux où je propose de prendre vos responsabilités et de voir ce que VOUS, vous pouvez changer.

Cela nous dit quoi au juste ? Cela nous dit que nous sommes parfois tellement enlisés dans notre besoin de nous montrer intéressants en nous plaignant que nous oublions que nous serions 1000 fois plus heureux si nous assumions la responsabilité de notre propre bonheur et faisions ce qu'il faut pour y accéder. Cela nous dit que nous préférons le confort d'une certaine souffrance connue à l'inconfort d'un potentiel de bonheur inconnu.

Quelqu'un me disait récemment que ses amis le trouvent ennuyant depuis qu'il est heureux ! C'est vous dire à quel point le scénario de se plaindre est plus vendeur que celui d'être heureux ! Ne nous étonnons donc pas si nous n'arrivons pas à être heureux en continuant de nous plaindre. C'est antinomique !

Pour être heureux, agissons en concordance avec l'état de bonheur : c'est aussi simple que ça ! Tant que nous nous plaignons, que nous blâmons l'autre, notre passé, nos parents, notre patron ou qui sais-je encore de notre malheur, nous ne pourrons pas être heureux. Mais dès que nous nous mettrons à accepter notre part de responsabilité -pas de culpabilité, mais de voir quelle est la partie que NOUS pouvons changer dans ce problème – tout l'Univers conspirera à nous montrer ce que nous devons changer pour attirer le bonheur à nous, ce bonheur que nous portons déjà en nous mais enseveli sous notre propension à nous plaindre et à blâmer les autres.

Personne n'a le pouvoir de nous rendre heureux ni malheureux. Seuls NOUS avons ce pouvoir. La face du monde s'en trouverait changée si nous assumions chaque jour notre pouvoir de nous rendre heureux. Ce n'est pas difficile pourtant : regardons ce que NOUS pouvons faire, changer ou être pour que notre situation s'améliore.

Qu'est-ce qu'on attire ?

Contrairement à la croyance populaire, il ne s'agit pas seulement de faire un tableau de visualisation pour attirer à nous ce qu'on aimerait avoir dans notre vie. Nous attirons ce que nous sommes, pas ce que nous voulons. Pour attirer plus d'amour, soyons donc plus aimants. Pour attirer plus d'abondance, soyons plus généreux. Mais même à cela, ce n'est pas en nous transformant pour obtenir quelque chose que nous l'obtiendrons, car alors nous faisons du marchandage avec la Vie, ce qui, tôt ou tard, finira par nous retomber sur le nez.

De même, nous ne pouvons pas attirer ce qui n'est pas compatible avec notre niveau d'énergie. Ainsi, si nous avons dans notre vie des situations, des gens, des relations qui nous irritent, nous déplaisent ou nous nuisent, c'est que nous portons en nous ce même niveau d'énergie qui les attire à nous. Ce n'est donc pas en blâmant l'autre que nous améliorerons la situation ou la relation. C'est seulement en regardant en nous ce qui est là qui attire ce genre de personnes ou d'événements que nous trouverons la source de nos difficultés et que nous pourrons enfin y remédier ou l'observer clairement.

Tout ce qui survient dans notre vie et dans nos relations a toujours pour but de nous permettre de voir en nous ce que nous n'avons pas encore vu, d'éclairer un endroit que notre Amour de soi n'a pas encore réchauffé, de déverrouiller notre cœur de cette armure de protection qui nous étouffe et nous sépare des autres.

L'autre nous montre toujours ce que nous ne voulons pas voir en nous. N'est-ce pas merveilleux comment nous sommes tous inter-reliés, tous unis dans nos cheminements respectifs ? Nous avons besoin de l'autre pour apprendre à mieux nous aimer et à mieux l'aimer, tout comme l'autre a besoin de nous pour mieux s'aimer et mieux nous aimer. C'est ainsi que nous nous libérons de nos vieux carcans, de nos vieilles blessures, de nos fermetures, de nos errances, de nos détritus. C'est ainsi que nous sommes tous Partenaires de liberté !

Transfert de responsabilité !

Chacun d'entre nous a déjà été blessé. Nous portons sans doute nos cicatrices et même certaines de nos blessures peuvent ne pas avoir encore été soignées. Ainsi, ces blessures du passé que nous n'avons pas encore soignées, nous les traînons dans notre présent et continuons de nous faire souffrir.

Chaque fois que nous rencontrons une personne qui ravive cette blessure ancienne, nous lui faisons inconsciemment porter le blâme de nous faire souffrir. Pourtant, ce n'est pas elle qui est à l'origine de cette blessure. Mais chaque fois que celle-ci est ravivée, nous avons l'impression que c'est la personne là, devant nous, qui nous blesse.

Celui ou celle qui est devant nous n'est pas à l'origine de la blessure initiale que nous avons subie. Alors pourquoi le faire payer pour cela ? Pourquoi gâcher cette relation avec un relent du passé que NOUS n'avons pas soigné ? C'est ainsi que nous perpétuons les scénarios des relations répétitives, des schémas destructeurs, des liens qui finissent toujours de la même façon : parce que nous n'assumons pas pleinement la responsabilité de soigner nos blessures.

Nos relations se trouveraient grandement améliorées si nous prenions soin de ce qui en nous a besoin de notre Amour. Nous ne pouvons pas tenir l'autre coupable de notre blessure. Au contraire, il met en lumière ce que nous avons besoin de soigner afin que nous puissions enfin nous en libérer.

Alors plutôt que de blâmer l'autre ou d'entrer en conflit avec lui, aimons-nous assez pour accepter de voir ce que l'autre éveille en nous afin que nous puissions enfin y accorder tous les soins requis. L'autre est un messager de ce que nous avons besoin d'apprendre.

Nos stratégies pour nous faire aimer

Chaque jour de notre vie, inconsciemment, nous adoptons différentes stratégies pour nous faire aimer. Que ce soit pour être gentil avec une amie, pour séduire quelqu'un, pour obtenir un emploi, pour être admiré, nous adoptons des comportements différents et nous prenons des décisions en fonction du but que nous désirons atteindre. Nous sommes tellement habitués à agir ainsi que nous ne nous en rendons même plus compte ! Tellement que parfois nous nierons avoir pris certaines décisions en fonction de notre quête d'approbation.

Ainsi, nous exagérons une histoire pour avoir l'air plus intéressants ; nous racontons de petits et gros mensonges pour acheter la paix, éviter d'avoir honte, pour plaire ou pour manipuler ; nous faisons semblant d'être intéressés par l'autre même si sa conversation nous ennuie ; nous tenons des propos qui visent à nous mettre en valeur pour que l'autre nous voit comme nous voulons être vus ; nous nous habillons de telle ou telle façon selon que l'on veut rencontrer un ou une amoureuse, obtenir un emploi, faire tourner les regards sur soi dans une soirée ou avoir l'air d'une personne sérieuse ; nous exagérons les traits de politesse, de tact, de bonnes manières afin d'être perçus comme étant proches de la perfection ! ; nous choisissons notre manière de parler selon notre interlocuteur ; nous interrompons l'autre pour lui montrer à quel point ce qu'on a à dire est encore mieux que ce qu'il est en train de dire, etc.

Pour apprendre à nous aimer, nous devons d'abord débusquer ce que nous avons développé comme stratégies depuis notre enfance pour nous faire aimer des autres. Combien de fois nous sommes-nous nier afin de plaire, de recevoir l'approbation, d'être acceptés dans ce groupe ou pour être aimés de certaines personnes ?

Quelles stratégies avons-nous mises en place, consciemment ou inconsciemment, pour faire en sorte de plaire aux autres et ainsi, croyons-nous, éviter d'être rejetés ? Lesquelles parmi les suivantes vous appartiennent ?

- La quête d'approbation : pour être approuvés, avons-nous menti, exagéré, souri alors que nous n'en avions pas envie. Fait semblant d'être intéressés par les propos de l'autre alors que cela nous ennuyait au plus haut point, évité de dire le fond de notre pensée pour ne pas déplaire, toléré certaines situations pour acheter la paix, etc. ?

- Avons-nous modifié nos attentes envers l'autre afin de correspondre à ce que l'autre pouvait nous offrir plutôt que d'exprimer nos véritables besoins ?

- Est-ce que nous manipulons la façon dont on veut que les autres nous perçoivent ? Est-ce que nous nous niions pour ne pas exposer nos zones de vulnérabilité et montrer en permanence une image idéalisée de ce que nous ne sommes pas ?

- Comment et pourquoi nous habillons nous de cette façon, dans quel but ?

- Que faisons-nous par désir de paraître plus intéressant

- Est-ce que nous exagérons sur les marques de politesse pour donner l'image de quelqu'un de parfaitement bien élevé ?

- Ressentons-nous le désir de rendre le don lorsque nous recevons un cadeau, ou de l'aide afin de rétablit l'égalité par la réciprocité ?

- Faisons-nous preuve de trop de tact, d'excuses, de bonnes manières ?

- Quand et comment agissons-nous pour faire bonne impression ?

- Où consacrons-nous la majorité de nos efforts et de notre énergie ? Qu'est-ce qui nous guide : la peur ou l'amour ?

- Avons-nous besoin de contrôler les pensées de l'autre ? Si nous évitons qu'il se fâche, qu'il soit blessé, qu'il ressente de l'inconfort, alors nous ne sommes pas dans nos affaires mais dans celles de l'autres. Lorsque nous agissons ainsi, nous tentons de contrôler les pensées et les émotions de l'autre.

- Que faisons-nous pour plaire aux autres ? Dans quelles circonstances ? À quelle fréquence ?

- Changeons-nous notre discours et notre manière de parler selon les personnes à qui nous nous adressons pour qu'ils nous trouvent plus intéressants ?

- Avons-nous tendance à interrompre l'autre pour faire étalage de nos connaissances, de nos expériences, de notre savoir ?

- Sommes-nous capables de voir notre ego à l'œuvre dans toutes ces situations ?

- Qui serions-nous si nous ne cherchions pas l'approbation des autres ?

- Qui serions-nous sans toutes ces histoires que nous nous racontons à propos, de nous, de notre passé, de nos blessures, des autres ?

Évidemment, beaucoup de ces choses peuvent sembler convenables prises dans un contexte social sain et naturel. Le problème vient du fait que la plupart du temps, lorsque nous nous préoccupons tellement de toutes ces stratégies par besoin d'être approuvés et aimés, nous nous perdons de vue dans le processus. Nous finissons par nier qui nous sommes pour devenir qui nous croyons que l'autre aimerait que nous soyons !

Nous nous étonnons ensuite que nos relations soient compliquées ! Bien entendu, puisque nous ne sommes pas authentiques et que nous attirons toujours ce qui vibre à la même fréquence que nous. Comment attirer des gens en affinité avec nous si nous ne sommes même pas en affinité avec nous-mêmes ?

Osons être vrais, être soi, être authentiques, quitte à déplaire, à froisser, à ce que certaines personnes s'éloignent de nous. Il faut oser être soi, être vrai pour attirer des gens en affinité avec ce que nous sommes.

Il vaut mieux perdre certaines personnes plutôt que de se perdre, soi.

Vos relations vous nourrissent-elles ?

En fait, est-ce que toutes vos relations vous nourrissent ? Qu'elles soient d'amitié, d'amour, sociales, professionnelles.

Bien entendu, beaucoup de nos relations sont stimulantes. Certaines personnes nous font grandir, nous inspirent, nous animent, nous stimulent à nous réaliser pleinement. D'autres nous supportent inconditionnellement, nous aiment de même manière et représentent souvent des piliers stables dans notre vie. Dans d'autres cas, c'est nous qui apportons de l'espoir, de la vie à certaines de nos relations que nous chérissons et dont nous avons envie de prendre soin, par le lien de cœur qui nous unit.

Mais comme nous évoluons, les autres évoluent aussi, et changent. Parfois, les intérêts s'éloignent tellement que les rencontres ne sont plus aussi intéressantes qu'avant. Parfois, les non-dits empiètent sur le terrain de l'amitié. D'autres fois, nous avons l'impression de ne plus nous reconnaître dans ces liens qui nous unissaient. Nous nous éloignons sans le vouloir. Souvent, nous tentons de maintenir coûte que coûte la relation, surtout en raison des années passées ensemble. Mais quand on a l'impression de s'ennuyer en compagnie de ces personnes ou pire, qu'on se sent irrités sans trop savoir pourquoi, alors il est peut-être temps de revisiter ce lien que nous maintenons en vie parfois malgré lui.

Tout passe, tout change, tout se transforme. Les relations aussi. Il n'y a ni coupable ni victime dans cet état de fait : seulement deux personnes qui ne se retrouvent plus aussi bien qu'avant, seulement des divergences d'intérêt, d'opinion, d'évolution. Et c'est tout de même parfait ainsi. Avec un peu de maturité, nous pouvons même avoir cette discussion franche avec l'autre personne, mettre fin à la relation, même si c'est temporaire, et la remercier pour ces beaux moments passés avec elle.

L'important c'est de ne pas laisser s'envenimer des relations autrefois agréables. Il vaut mieux garder de bons souvenirs des relations qui s'espacent que de les maintenir à tout prix, se faisant violence et se privant ainsi de ce temps précieux pour développer des relations plus en affinité avec ce que nous sommes maintenant.

Toutes les relations nous servent à grandir. Elles ont toutes un rôle merveilleux à jouer dans notre vie. Ce rôle dure quelques jours, quelques mois, parfois des années. Parfois presque toute la vie aussi. Mais il faut savoir reconnaître quand il est temps de nous libérer mutuellement de relations qui ne nous nourrissent plus, de manière à faire plus de place, chacun, pour celui ou celle qui poursuivra le rôle de contribuer à notre évolution mutuelle.

Il arrive aussi que des chemins se recroisent, riches des expériences passées depuis la dernière rencontre, et qu'une relation se remette en marche avec bonheur, pour poursuivre un autre bout de route ensemble. Il arrive aussi que certaines relations, aussi fulgurantes qu'intenses et brèves, viennent bouleverser le cours des choses dans notre vie et sont tout aussi importantes, sinon plus, qu'une relation de plusieurs années.

L'impact de nos relations ne se mesure pas à leur durée, mais à ce qu'elles nous auront appris mutuellement.

La douleur et la souffrance

La douleur est inévitable mais la souffrance est optionnelle. Inconsciemment bien sûr, car cela découle de nos programmations inconscientes, de nos fausses croyances, de nos pensées et de nos scénarios.

La douleur est ce que nous ressentons au moment d'un deuil, d'une séparation, de la perte d'un emploi, de la maladie d'un enfant et de mauvaises nouvelles personnelles qui nous font mal.

La souffrance, c'est se faire revivre sans cesse cet événement difficile, se rejouer la même histoire, résister à ce qui est, continuer de vouloir que cela ne se soit pas passé ainsi, que cela ne devrait pas être. La souffrance, c'est résister à ce qui est, en revivant le passé qui nous a fait mal, ou en projetant un futur négatif causé par la douleur initiale.

Nous avons été conditionnés très jeunes à vivre dans une certaine souffrance, à s'en plaindre, à s'en valoriser même parfois. N'avons-nous pas entendu des collègues ou des connaissances renchérir sur leurs souffrances passées, comme si celui ou celle qui avait souffert le plus remportait la palme ? Pourtant, en principe, personne ne veut souffrir.

Quand nous réalisons que ce sont nos pensées, nos fausses croyances, les histoires de toutes sortes que nous nous créons et surtout notre refus d'accueillir la réalité telle qu'elle est qui créent notre souffrance, nous comprenons alors que nous avons le choix : continuer de croire nos histoires et souffrir, ou faire face à la réalité et guérir.

Nous ne pouvons pas changer le passé : ce qui a été vécu est terminé. Mais nous pouvons changer nos croyances et nos pensées face à la réalité actuelle. Tant que nous la refusons, nous souffrons, Dès que nous l'accueillons, nous avons alors plus de possibilité de poser l'action juste, s'il y en a une à poser, ou d'accepter de voir ce que la Vie, dans sa grande sagesse, tente de nous enseigner.

C'est une merveilleuse façon de s'aimer davantage que de ne plus vouloir se faire souffrir. En cessant de croire les histoires que nous nous créons de toutes pièces et en vivant dans la réalité, nous renonçons à la souffrance que nous nous créons. Pour notre plus grand bonheur.

Pour attirer autre chose dans notre vie

Un jour, on prend conscience que nous attirons toujours le même genre de personnes dans notre vie. Le même genre de partenaire amoureux, le même genre de patron, le même genre d'amis. Nous constatons alors que les similitudes entre ces relations successives sont tellement évidentes qu'il est difficile de comprendre comment se fait-il que nous ne les ayons pas perçues plus tôt !

Bien entendu, on rejoue les mêmes scénarios, jusqu'à ce que nous prenions conscience que c'est nous qui créons ces situations, que c'est nous qui attirons ce genre de personnes car le dénominateur commun à toutes ces relations, c'est encore et toujours nous ! Il ne faut pas se culpabiliser ni se flageller de ce constat. La vie est tellement bonne avec nous qu'elle nous repasse inlassablement le même scénario jusqu'à ce que nous finissions par nous ouvrir à un niveau de conscience plus élevé, celui qui, peut-être nous permettra de mettre fin aux scénarios répétitifs qui nous font souffrir depuis trop longtemps.

Une fois que nous avons vu ce scénario qui se répète, nous ne pouvons plus ne pas le voir ! Et pour changer cette histoire, c'est à nous de changer !

C'est notre niveau d'énergie qu'il faut changer. Comment faire ? D'abord en réalisant que nous sommes ce dénominateur commun de toutes ces relations, justement. En prenant conscience que c'est nous qui attirons ce genre de personnes dans notre vie. En cherchant à comprendre ce que nous allons chercher dans ce genre de situations, ce que chacune de ces relations nous enseigne, car c'est souvent un thème commun.

Comme par exemple, apprendre à s'affirmer, apprendre à mettre ses limites, apprendre à se choisir, apprendre à accueillir la réalité, cesser de se mentir, cesser de laisser notre ego nous dominer, etc. Il semble que parfois la Vie nous peinture dans un coin de toutes les façons possibles pour que nous apprenions enfin la leçon qu'elle tente de nous enseigner depuis longtemps ! Une fois coincés, il n'y a plus guère d'échappatoire, à moins de continuer à se nier tellement que c'est le corps qui prendra la relève de la Vie et qui nous enverra ses messages encore plus douloureux jusqu'à ce que nous laissions tomber les masques et les gardes pour nous ouvrir à cette étape de croissance vitale pour nous.

Tant que nous résistons à apprendre, nous souffrons. Dès que nous nous ouvrons à ce que la Vie veut nous enseigner, nous cessons de souffrir. C'est le moment d'illumination qui nous est montré : comme un voile de moins dans notre champ de perception !

Changeons notre niveau d'énergie pour attirer un genre de personnes qui soit plus en affinité avec nous. Car on ne peut pas attirer ce qui n'est pas compatible avec notre niveau d'énergie. Ceci nous démontre que ce qu'on attire dans notre vie résonne toujours avec une partie de nous qui répond au niveau d'énergie de l'autre, même celui qui nous irrite. Dès que nous changeons de niveau d'énergie, le monde autour de nous change. N'est-ce pas fantastique ? Nous avons toujours le choix de répéter les mêmes histoires douloureuses, ou de changer, nous, pour attirer de nouvelles personnes plus lumineuses autour de nous. Alors, devenons nous-mêmes ce que nous voulons attitrer dans notre vie.

Je veux !

On a déjà abordé ici les concepts de « il aurait dû » « cela n'aurait pas dû », « il aurait fallu », « il ne devrait pas », etc. tous ces conditionnements et ces expressions conditionnelles qui nous privent de la vérité de la réalité telle qu'elle est parce que nous voudrions qu'elle soit autrement. C'est lorsqu'on s'accroche au conditionnel que nous nous faisons souffrir, en refusant ce qui est.

Mais si on pousse cette compréhension un peu plus loin encore, alors même dire « je veux ceci ou cela » c'est une manière de ne pas accepter la réalité comme elle est et de vouloir autre chose que ce qui est là. On nous enseigne très jeune à vouloir, à espérer, à souhaiter ardemment toujours quelque chose de plus. Mais pendant que nous nourrissons ce désir d'autre chose, c'est comme si nous n'accueillons pas la réalité actuelle comme elle est, c'est comme si nous disions « ce que j'ai, ou ce que je suis, n'est pas encore assez, je veux plus ! ». C'est comme si nous manquions de gratitude envers le moment présent.

Je sais, notre société est basée sur les objectifs, la planification, le calendrier, l'économie pour la retraite : nous planifions sans cesse en vue de quelque chose d'autre. Qu'on se comprenne bien : je ne dis pas que planifier ou avoir des objectifs, ce n'est pas bien : je dis que chaque fois que nous nous projetons dans le futur et que nous désirons autre chose que ce qui est là, nous n'honorons pas le moment présent. Chaque fois que nous voulons quelque chose, nous sommes en train d'envoyer le message à l'Univers que ce que nous avons n'est pas assez.

Et si nous apprenions plutôt à seulement être bien avec ce qui est là ? Et si au lieu de vouloir autre chose, quoi que ce soit, nous éprouvions plutôt de la gratitude pour ce que nous avons déjà, pour ce que nous sommes ici et maintenant ? Sans nourrir plus de désirs inassouvis et sans fin. Et ce n'est pas parce que nous demandons moins que nous aurons moins ! Au contraire, je crois que l'état de gratitude pour ce que nous avons déjà amène plutôt encore plus de ce que nous apprécions vraiment.

Quand on n'est pas toujours en train de dire « je veux plus de ceci » ou « je ne veux plus de cela », quand on n'est pas dans la course sans fin à la satisfaction de nos désirs, alors nous sommes dans la liberté d'être, sans attente, sans frustrations, sans désir d'être ailleurs ou d'avoir plus. Cette liberté de vivre notre vie telle qu'elle nous est offerte, à chaque instant, n'est-ce pas celle que nous recherchons au fond de nous ?

Ultimement, l'extinction des désirs matériels est une grande libération. Apprenons à honorer le moment présent et la liberté qu'il contient.

En retard dans les nouvelles ?

Nous tenons parfois tellement à nos vieilles histoires que nous oublions souvent de nous mettre à jour et nous sommes en retard dans nos propres nouvelles ! En fonctionnant sur le vieux logiciel que nous avons programmé, nous ne pouvons pas bénéficier de tous les avantages qu'une mise à jour nous permettrait d'obtenir.

Ainsi, peut-être disons-nous régulièrement depuis des années que nous sommes fatigués, par conditionnement ou par habitude inconsciente. Mais il se peut aussi que cette fatigue ait disparu, pour ne laisser place qu'à une lassitude passagère normale que nous éprouvons tous de temps à autre. Pourtant nous avons sans doute beaucoup plus d'énergie alors que nous accomplissons beaucoup de choses, que nous avons recommencé à faire du sport, que nous sortons avec nos amis, recevons notre famille à dîner et voyageons régulièrement. Bref, la fatigue est disparue ! Pourtant, nous sommes en retard dans les nouvelles ! Nous avons oublié de nous mettre à jour et de constater que finalement, cette fatigue n'est plus aussi présente. Nous devons cesser de répéter ce mantra négatif au risque de voir revenir cette fatigue dont nous voulions tant nous débarrasser.

Peut-être aussi portons-nous encore des rancœurs face à des situations vécues dans notre enfance. Il se peut que nous en voulions à notre père ou à notre mère pour ses comportements, ses absences, son manque d'amour apparent. Mais puisque nous avons évolué, puisque notre niveau de conscience s'est élevé, il est sans doute temps de revisiter ce que nous croyions à propos de nos parents et de constater enfin à quel point nous avons eu les parents dont nous avions besoin et que la plupart de ces choses ont été bénéfiques dans notre évolution. Peut-être même éprouverons-nous de la gratitude d'avoir eu un père colérique mais tellement créatif, avant-gardiste et libre, ou une mère qui semblait froide mais qui nous a aimés de son mieux malgré tout, discrètement mais avec constance.

Peut-être nous sommes-nous mis en tête que notre patron n'est pas agréable alors que nous oublions de mettre à jour nos pensées et de voir enfin combien cette personne se dévoue pour que nous gardions notre emploi, pour que l'entreprise prospère, pour s'impliquer dans sa communauté.

Peut-être même ne sommes-nous même pas à jour en ce qui concerne notre propre évolution ! Il se peut que nous nous voyions encore comme ce que les autres nous ont montrés il y a plusieurs années, alors que nous ne sommes plus là du tout ! Nous avons fait du chemin, nous avons évolué, nous avons sans doute guéri bien des blessures, fait des apprentissages significatifs, délesté de défauts et de travers qui ralentissaient notre évolution.

Pourtant nous n'avons pas mis à jour notre connaissance de nous-mêmes. Il nous suffit parfois d'un défi important pour enfin réaliser que nous ne réagissons plus de la même manière, que cette impatience dont on nous qualifiait n'existe plus, que cette timidité dont nous faisions les moqueries s'est enfuie pour faire place à une belle assurance, que certaines de nos peurs se sont évanouies on ne sait où mais ne font assurément plus partie de nous. Il est temps de nous mettre à jour !

Faire le point avec nos pensées, nos croyances et les comparer avec la réalité est un exercice difficile mais gratifiant, car il nous permet de nous mettre à jour avec ce que nous sommes devenus.

Alors, êtes-vous à jour dans vos propres nouvelles ?

L'autre et la conscience

Ce que l'autre nous renvoie sans cesse, c'est l'image de nous que nous refusons de voir.

Il est la conséquence de l'Amour que nous nous portons.

Alors lorsqu'on le blâme, le juge, le salit, le méprise, c'est à nous-mêmes que nous faisons subir ces manques d'Amour. Lorsque nous le traitons avec considération, avec bienveillance, avec Amour, c'est nous que nous traitons ainsi. L'autre n'est toujours le reflet que ce que nous croyons de nous-mêmes ; il nous traite comme nous nous traitons. Il nous aime comme nous nous aimons.

C'est en mettant en lumière nos propres zones d'ombres qu'il devient notre plus précieux allié pour notre évolution. Plus cela nous irrite, plus le blocage à dénouer est important pour nous. Si nous refusons d'ouvrir notre cœur pour accueillir le message, une autre personne se présentera pour nous le faire apprendre de manière encore plus directe, peut-être plus souffrante si nous continuons de résister.

Lorsque nous sommes prêts à voir en l'autre un véritable partenaire de liberté, celui qui nous permet de nous libérer de nos limitations, nous abordons toutes relations différemment car nous accueillons les messages qu'il nous porte. En gardant notre cœur et notre esprits ouverts à ces apprentissages mutuels, nous nous mettons à attirer des personnes plus douces, plus en harmonie avec ce que nous sommes. Ainsi, les déblocages se font de plus en plus souvent dans l'émerveillement plutôt que dans la souffrance.

Nous sommes tous cocréateurs de nos partenariats d'élévation mutuelle. Plus nous avançons sur le chemin, plus les prises de conscience se font rapidement, jusqu'à ce que nous nous souvenions que nous sommes nous-mêmes la conscience.

La personne en face de nous est toujours la personne dont nous avons besoin en ce moment pour évoluer. Que cela plaise ou non à notre ego !

Faire la paix

Pouvez-vous vous imaginer l'immense sentiment de bien-être une fois que vous aurez fait la paix avec tout ce qui vous dérange dans votre vie ?

Et si je vous disais que vous pouvez, MAINTENANT, atteindre ce sentiment de paix intérieure profonde, douce, libératrice ?

En fait, qu'attendez-vous pour accéder à cette paix qui est là, en vous, mais qui attend que vous l'y rejoigniez ? On dirait parfois qu'on attend que tout soit parfait, que nous ayons terminé cette tâche, que nous ayons pris notre retraite, que nous ayons réglé ce conflit, que nous ayons pardonné à nos parents, que nos enfants nous aient pardonné, que nous ayons guéri nos blessures, que nous ayons du temps... Et puis, on se surprend de ne pas encore être en paix à 80 ans ! Mais quand donc le serons-nous si ce n'est maintenant ?

On attend quoi pour pardonner ? On attend quoi pour faire la paix avec l'autre et donc, avec soi-même ? On attend que le miracle se produise et qu'on se lève un matin soudainement en paix ?

Et bien non, la paix se crée à chaque instant. La paix se crée en cessant de croire les pensées qui nous font souffrir, en cessant de laisser notre ego diriger notre vie, en cessant d'en vouloir à quelqu'un pour ce qui est arrivé il y a 40 ans ou 40 minutes. La paix se crée en ralentissant, en cessant de courir après l'approbation, la notoriété, la gloire, le regard des autres. La paix se crée en cessant de juger, de comparer, de médire et de maudire, en cessant d'attendre que tout cela vienne de l'autre.

Car notre responsabilité, c'est de nous reconnecter à cette paix intérieure qui est toujours là, en nous, toujours prête à vivre au grand jour dans notre vie, attendant patiemment que nous nous rappelions que nous sommes issus de cette paix et que tout le reste n'est que broutilles visant à nous en éloigner. C'est cesser de croire aux chimères, aux promesses de bonheur extérieur, aux outils de marketing envahissants, aux activités et obligations créées de toutes pièces pour nous éloigner de ce que nous sommes.

Faire la paix en soi, c'est faire la paix avec nos fausses croyances, nos pensées souffrantes, nos jugements intempestifs, nos peurs que nous laissons nous envahir. C'est croire en la bonté de la Vie, en son immense Sagesse, c'est croire à l'abondance et à l'Amour de tout ce qui est. C'est accueillir la réalité comme elle se présente à nous, non comme nous voudrions qu'elle soit. C'est être là, tout juste là, présents à soi, à la Vie, à ce grand tout dont nous faisons partie.

Nous sommes déjà la Paix, il ne nous reste qu'à nous en rappeler.

Vivre dans la présence

C'est une merveilleuse façon d'être heureux que de vivre dans la présence. C'est accueillir ce qui est, ne pas résister, cesser de chercher à avoir raison, trouver le positif dans toute chose, se ramener constamment au moment présent, renoncer aux projections futures et aux regrets du passé.

Il nous est demandé à tous de revenir à l'essentiel, de cesser de courir après la reconnaissance, de ne plus nous perdre dans les désirs de toutes sortes, d'éviter les distractions qui nous éloignent de nous. Et pourtant, toute notre société actuelle vise le contraire de ce que nous sommes appelés à retrouver. Il nous faut donc une décision ferme de l'âme pour revenir à soi, pour dire non à ce qui ne nous est pas utile, pour refuser d'embarquer dans tous ces concours, compétitions, comparaisons et autres courses à devenir meilleurs.

Comment devenir meilleurs si nous ne savons même pas qui nous sommes en ce moment ? C'est en nous ramenant constamment au présent que nous pourrons accomplir les plus grands pas dans notre évolution, et non en cherchant à devenir meilleurs, ce qui nous place toujours dans le futur ou le conditionnel, là où nous n'avons aucun pouvoir. C'est uniquement dans le présent que nous pouvons agir, que nous pouvons décider de l'action juste à poser, que nous pouvons renoncer à avoir raison, à nous croire supérieurs aux autres. Ce n'est qu'en revenant à nous-mêmes que nous pourrons faire un avec la Vie, que nous pourrons suivre le flot de son mouvement, accueillir ce qui est là plutôt que de chercher à modifier le cours de la Vie par notre volonté mentale.

Dans le grand plan de la Vie, tout est en place pour que nous revenions à notre essence même. Le temps que cela prendra dépend uniquement de notre entêtement à vouloir faire les choses à notre façon, à résister à ce qui nous est présenté. Tant que nous laisserons notre ego courir à notre perte, nous ralentirons notre évolution. Mais dès que nous ouvrons notre cœur aux expériences que la Vie nous propose, tout concourt à ce que notre chemin soit dégagé, libre d'entraves et de résistances.

Pouvons-nous accepter ce qui est là, ici, maintenant ? Ou cherchons-nous autre chose que ce que la Vie nous offre en ce moment ? Là réside la différence entre la paix intérieure ou le tourment permanent.

On peut toujours choisir

On peut toujours choisir de blâmer l'autre et de lui adresser tous les reproches du monde ou on peut choisir de se regarder et de voir ce que cette personne vient réveiller en nous.

On peut choisir d'écouter nos peurs et de rester dans notre zone de confort ou on peut choisir de les traverser et de nous ouvrir aux surprises de la vie.

On peut toujours choisir de rester victimes et de nous plaindre de ce que l'on nous a fait, de notre passé, de nos conditions actuelles inadmissibles ou on peut choisir de réaliser que nous créons notre environnement à chaque instant et de décider qu'à partir de maintenant, nous ne choisirons que ce qui nous fait vibrer et nous rend heureux.

On peut choisir de maintenir dans notre vie des relations qui nous tirent vers le bas ou on peut choisir de les remercier et de passer à autre chose en nous entourant de personnes qui nous élèvent.

On peut choisir de se croire supérieurs à nos enfants, à nos employés, à nos amis ou on peut choisir de voir chacun des êtres humains qui nous entourent comme un enseignant de vie et d'amour.

On peut choisir de se fermer à tout ce qui ne pense pas comme nous, tout ce qui nous dérange, tout ce qui appelle quelque chose en nous que nous n'avons pas encore regardé, ou on peut choisir de voir en chaque personne un partenaire de liberté, de voir en chaque événement un éveilleur de conscience et d'accueillir la vie comme elle se présente.

On peut choisir de continuer de vouloir que la réalité corresponde à ce que nous voudrions qu'elle soit ou on peut accueillir et aimer la réalité pour ce qu'elle est, dans ce moment présent, unique entre tous les moments.

Bref, on peut choisir de se rendre malheureux ou d'être heureux. Le choix est toujours entre nos mains. Beaucoup plus que ce que nous pouvons imaginer. Quel sera votre choix maintenant ?

Fatigué ? Stressé ?

Mis à part le fait d'une surcharge de travail, d'un manque de sommeil ou d'une mauvaise hygiène de vie, peu de choses nous stressent et nous épuisent autant que les scénarios que nous nous créons dans notre tête !

Lorsque nous nous faisons un sang d'encre à ruminer les mêmes inquiétudes, à rejouer sans cesse les mêmes scènes, à anticiper le pire ou juste le futur, à ressasser le passé, à le regretter ou à le nier, nous nous épuisons de façon phénoménale. Nous nous éloignons ainsi de la paix intérieure et du bien-être, notre état naturel, celui qui nous semble parfois si loin de nous. Toute la place que prennent ces pensées et ces croyances en nous, c'est de l'espace en moins pour notre paix intérieure. Toute l'énergie que nous y mettons afin de les nourrir et de les tourner dans tous les sens, c'est de l'énergie en moins pour suivre notre élan de vie.

Toute la résistance que nous mettons à refuser la réalité comme elle est, ne cessant d'implorer qu'elle soit autrement, qu'elle soit comme nous voudrions qu'elle soit, c'est ce qui crée la majeure partie de nos souffrances. Plus nous anticipons ce qui pourrait, devrait ou ne devrait pas arriver, plus nous sommes anxieux. Plus nous maudissons le passé en souhaitant qu'il eut été autrement, plus nous vivons dans la victimite. Dans tous ces cas, nous souffrons. Nous souffrons parce que nous laissons notre mental, notre ego, nos pensées et nos fausses croyances diriger notre vie comme si elles étaient à la fois le cheval, la calèche, les rênes et le cocher !

Nous oublions que notre âme est aux commandes de notre vie. Nous oublions que la réalité, telle qu'elle est, est toujours bonne. Même si nous croyons le contraire. Car lorsque nous voulons que la réalité soit autrement, nous souffrons. Mais dès que nous accueillons la réalité comme elle est, nous sommes en paix. Nous nous causons à nous-même la plus grande partie de nos souffrances en croyant nos pensées, nos scénarios, nos fausses croyances, notre ego.

Nous souffrons dans nos relations, notre travail, notre famille parce que nous voudrions que la réalité soit autre que celle que nous vivons. Et nous restons ainsi dans une position de victime avec peu de pouvoir sur ce qui est. Tandis qu'à partir du moment où nous accueillons la réalité, la Vie, telle qu'elle est, nous pouvons décider de l'action juste à poser.

Qu'est-ce qui nous donne le plus de pouvoir ? « Je n'aurais pas dû perdre mon emploi », ou « J'ai perdu mon emploi : quelles solutions intelligentes puis-je trouver maintenant ? ». Tout est une question de présence et d'ouverture à la réalité, comme elle est. Vous voulez souffrir ? Résistez à la réalité. Vous voulez être en paix ? Accueillez la réalité comme elle est.

Perdre ses illusions

L'une des choses les plus difficiles que nous ayons à vivre c'est la perte de nos illusions.

Non, il n'y aura pas de prince sur son cheval blanc pour nous sauver. Ce n'est pas une personne qui viendra nous prendre en charge pour nous permettre de nous reposer de nos responsabilités. Nous avons à vivre ce que la Vie nous sert chaque jour. Vouloir déléguer ce qui est là pour nous, c'est renoncer à vivre sa propre vie. Ni un partenaire amoureux ni la meilleure amitié qui soit ne peut faire les choses à notre place ni vivre nos expériences pour nous. Alors assumons-nous !

Non la famille parfaite n'existe pas. Malgré tous nos efforts, il est fort peu probable que l'harmonie règne en permanence dans notre famille. Nous ne sommes pas de mauvais parents ni de mauvais enfants parce que certaines de nos relations familiales ne sont pas aussi parfaites que nous voudrions le montrer aux autres. Certaines personnes, fussent-elles de notre sang, ne sont pas nécessairement celles avec lesquelles nous avons le plus d'affinités. Acceptons ce fait puisque c'est la réalité. C'est notre ego qui veut la famille parfaite, les enfants parfaits et l'harmonie parfaite. Apprécions ce que nous avons, même si c'est compliqué parfois.

Non nous ne pourrons pas être aimés de tous. C'est notre plus grand piège, orchestré par notre ego, qui nous fait faire tant de pirouettes pour que les autres nous aiment. On ne peut forcer personne à aimer qui que ce soit. Même Jésus, Bouddha et les autres grands messagers de lumière n'ont pas réussi à être aimés de tous. Et nous, nous croyons qu'aux prix d'efforts incroyables qui nient ce que nous sommes, nous y arriverons ? Mais non ! Les statistiques disent qu'en moyenne, parmi tous les gens que l'on rencontre, environ 20 % ne nous aimeront pas, quoi que nous fassions. C'est leur droit, et c'est parfait ainsi. C'est une belle leçon d'humilité pour notre ego ! Et cela nous incite à nous donner nous-mêmes cet Amour que nous recherchons tant à l'extérieur.

Non il n'y aura pas de fée qui viendra solutionner nos problèmes avec sa baguette magique. Nous nous mettons parfois la tête dans le sable pour éviter de voir nos problèmes et d'avoir à les régler. Pourtant, chacun d'eux est là pour nous éveiller à quelque chose. Ignorer nos problèmes, c'est refuser d'apprendre la leçon qui nous est proposée. Se tenir debout et accueillir ces situations pour les régler une à une avec courage, c'est encore la meilleure façon de se départir de nos problèmes ! La pensée magique, les petits lutins, ça ne fonctionne pas. On peut avoir de l'aide, mais on doit aussi vivre ce que la Vie met sur notre route.

Non, les choses ne sont pas toujours comme elles le paraissent. Les gens non plus. Ne jugeons pas, n'interprétons pas, ne scénarisons pas. Car dès que nous laissons nos pensées s'emballer face à un événement ou une personne, nous ne pouvons que souffrir. Mais si nous accueillons la situation comme elle est, sans la teinter de nos jugements, alors nous pouvons poser l'action juste, dire la bonne parole ou n'avoir rien à faire d'autre que d'être présent à ce qui est.

Oui c'est difficile de perdre ses illusions, mais le plus beau cadeau dans tout ça, c'est qu'ensuite, nous vivons dans la réalité !

Réaliser ses rêves ? Vraiment ?

Dans le monde du « développement » personnel, la réalisation des rêves occupe une place importante. Nous recevons constamment des trucs pour y arriver, les clés essentielles, les étapes cruciales pour réaliser notre rêve, ce qu'il faut faire avant, pendant, après…

Nous voulons tous réaliser nos rêves. Qui ne le voudrait pas ? Nous voulons vivre la vie de nos rêves, connaître la relation de nos rêves, avoir la maison de nos rêves, le job de nos rêves, la vie de famille rêvée, etc.

Nous rêvons constamment de quelque chose de mieux, de plus beau, de plus grand, de plus….

Et pourtant… La plupart de nos rêves ne sont pas les nôtres : ils sont ceux… de notre ego ! C'est lui qui rêve de plus, qui rêve pour le futur, qui se voit sur une scène, en vedette, qui « fait » quelque chose de grand de sa vie. La majorité de nos rêves sont donc ceux de notre ego, jamais rassasié, jamais complètement satisfait, qui rêve de grandeur, de notoriété, de richesse, de popularité, de supériorité même.

Alors évidemment que la Vie n'est pas là pour combler tous les rêves de notre ego ! Quand on veut nous faire croire que nous pouvons réaliser tous nos rêves, on oublie de nous dire que la réalisation de nos rêves n'est pas toujours ce qu'il y a de mieux pour nous. Nous courons après des chimères pour aller faire tourner des ballons sur notre nez, alors que nous sommes peut-être en train de nous éloigner de nous-mêmes, de nous éloigner de notre âme.

Car notre âme n'aspire qu'à une chose : qu'on lui permette d'être pleinement qui elle est. Souvent, nos rêves n'ont rien à voir avec la pleine expansion de notre âme. Seul un rêve qui fait vibrer notre âme dans toute son essence est celui qui est fait pour nous. Il n'est pas nécessairement fait de grandeur, mais de justesse ; pas de renommée fabuleuse mais d'Amour ; pas d'excitation mais d'une paix profonde ; pas d'efforts mais d'une certitude absolue ; pas d'obstacles mais de fluidité. Peut-être ne connaîtrons-nous pas les feux de la rampe, mais nous répondrons pleinement aux besoins de notre âme. Et ça, ça n'a pas de prix car c'est ainsi que nous sommes heureux.

Nous savons que nous nous réalisons pleinement quand nous sommes en état de grâce. Et cet état de grâce, il ne sert à rien de le chercher, il vient à nous.

Quand nous nous arrêtons pour nous mettre à l'écoute de notre âme, tout nous est indiqué par notre ressenti, par les synchronicités de la vie, par les messagers mis sur notre route, par les petites et grandes joies tout le long du chemin, par l'humour même dont fait preuve la Vie pour nous montrer la bonne direction.

Alors quel intérêt à réaliser les rêves de notre ego s'ils nous éloignent de nous-mêmes ? Suivons plutôt les aspirations de notre âme qui nous guide vers ce qu'il y a de mieux pour nous. Nous ne serons peut-être pas célèbres, mais nous serons en paix, baignant dans l'Amour et la Grâce de faire et d'être ce pour quoi nous sommes ici.

Alors vos rêves, est-ce que ce sont ceux de votre ego ou de votre âme ?

Révolution !

Oui c'est une vraie révolution de vie que nous pouvons tous opérer chacun à notre manière.

Après des années à travailler plus de 80 heures par semaine, à faire pourtant ce que j'aimais, j'apprends maintenant qu'il y a d'autres manières de vivre sa vie, de façon plus calme, plus douce, plus en phase avec ce que nous sommes vraiment et ce, sans se faire violence. Il nous faut apprendre que la course folle que beaucoup d'entre nous avons adopté pour suivre le courant et pour « arriver » dans cette société de performance et de consommation n'est pas celle qui nous mènera à la paix intérieure.

S'arrêter, vraiment s'arrêter, pour regarder la vague des nuages, pour entendre les oiseaux chanter, pour sentir le vent bouger dans les arbres, pour respirer l'air à plein poumons plutôt que superficiellement... Vivre dans la gratitude permanente pour ce qui nous est donné de vivre à chaque instant, savourer chaque détour de la route, chaque nouveau paysage, chaque nouvelle fleur au jardin... Réapprendre à écouter ce qui se vit en nous, à écouter les signaux de notre corps, à faire de la place au vide, si plein de tout ce que nous évitons à force de courir après... après quoi au juste ? Ne plus avoir autant d'envies de dépenser, de courir, de « faire », pour laisser la place à la simplicité, au bien-être naturel, à la douceur de vivre, à être Soi pleinement, simplement, sans se soucier de ce que les autres en penseront, de ceux qui ne comprendront pas, de ceux qui nous jugeront parce que nous sortons de la spirale de fou dans laquelle nous survivons depuis si longtemps...

Et enfin vivre ! Apprendre à vivre vraiment, sans avoir besoin de faire nos preuves, sans avoir besoin de plaire à tous, sans chercher à être meilleurs, plus érudits, plus ceci, plus cela.

Changer notre manière d'envisager la Vie, nos relations, notre travail, notre temps de repos. Se donner enfin le droit de SAVOURER chaque instant, sans chercher à être productifs, efficaces, performants, vus ou entendus. Juste être... tout simplement mais si extraordinairement ÊTRE.

Croyez-moi, c'est une véritable révolution intérieure à laquelle nous sommes tous conviés, celle de venir à la rencontre de ce que nous sommes. Si chacun de nous entamait la démarche de faire le premier pas sur le chemin du retour vers Soi, c'est la face du monde qui en serait changée. Et ça, c'est une véritable révolution, parce qu'elle procède de l'évolution de chacun vers son véritable Soi.

Évolution

Nous évoluons sans cesse. Parfois péniblement, nous semble-t-il. D'autres fois à vitesse grand V, tellement que nos proches ont parfois du mal à nous reconnaître !

Ainsi, nos croyances, nos pensées, nos perceptions et notre niveau de conscience changent eux aussi. Ce qui semblait plein de bons sens il y a quelques mois à peine ne nous semble plus approprié ou pertinent. Ce que nous aimions si passionnément semble avoir perdu de l'intérêt. Les discussions stériles ne nous attirent plus et le temps nous semble de plus en plus précieux.

Nous évoluons tous. Personne n'est plus élevé qu'une autre personne. Mais il va sans dire que sur certains aspects, notre niveau de perception change alors que ce n'est peut-être pas encore le cas pour ceux qui nous entourent. Pour l'instant. Ne tombons pas dans le piège de les convaincre et encore moins de les juger car sous d'autres aspects, nous n'avons pas encore atteint le niveau de conscience que certains d'entre eux peuvent manifester.

Et alors ? Ce n'est pas une course, ni un concours, ni un examen. Chacun évolue à son rythme : nous changeons notre niveau de compréhension, de conscience, quand nous sommes prêts à le faire. Pas avant. Cela est valable aussi pour les autres ! Certaines choses que nous ne comprenions pas hier peuvent nous apparaître claires comme de l'eau de roche aujourd'hui, tellement qu'on se demande comment ne pouvions-nous pas comprendre ce qui semble si simple maintenant. Parce que nous n'étions pas prêts, tout simplement. D'autres éléments semblent limpides aux yeux d'une personne mais nous apparaissent loin de notre niveau de perception. Pour l'instant. Soyons patients. Cela viendra en son temps.

Nous évoluons plus rapidement si nous lâchons le contrôle, si nous mettons notre ego de côté, si nous apprenons à faire le silence en nous, à ralentir, à changer notre manière de vivre. En ralentissant, en faisant moins de bruit, ce qui nous semblait inaccessible se présente à nous comme une évidence. En ne cherchant pas, nous trouvons ! Surtout, en cessant de nous comparer, que ce soit en plus ou en moins, nous laissons la place pour que tout notre être puisse s'épanouir à SA façon, sans les conditionnements étouffants et sans les comparaisons destructrices.

Nous évoluons de toute façon, que nous le voulions ou non. La vitesse n'a pas d'importance. Parfois, c'est le souhait sincère de ne plus vouloir souffrir qui accélère nos prises de conscience, en d'autres temps c'est le silence qui nous parle le plus. C'est en faisant silence en soi que nous pourrons écouter notre cœur. Chacun à son rythme, chacun à sa façon, nous évoluons irréversiblement. Toutes les âmes se rejoignent un jour, quel que soit leur rythme d'évolution.

Quelle réalité ?

Si vous avez des frères et sœurs et que vous leur demandez de vous décrire les qualités et défauts de vos parents, il y a de fortes chances qu'il y ait autant de versions différentes sur les perceptions de chacun de vos propres parents ! Pourtant, vous avez vécu dans la même famille ! Ainsi en est-il des témoins d'un événement qui racontent chacun à leur façon ce qu'ils ont vu, avec des versions parfois tellement contradictoires qu'on se demande s'ils parlent du même événement.

Il en est ainsi dans notre propre vie. Cette réalité que nous croyons LA réalité, la seule et unique, la vraie, est-elle vraiment celle que nous croyons être ? Se pourrait-il que nous ayons déformé certaines choses, que nous en ayons occulté certains détails importants, que nous ayons eu des jugements rapides qui ont conditionné toute notre perception de notre réalité ?

Et je ne parle pas que du passé. Dans notre présent, aujourd'hui, cette réalité qui nous heurte, est-elle vraiment toute la réalité ? Ou ne serait-ce pas plutôt nos pensées, nos jugements et nos peurs qui nous dictent notre façon d'analyser ce que nous vivons ?

Si nous pouvions prendre du recul, de l'élévation, et que nous observions notre réalité à partir d'un plan beaucoup plus vaste, plus haut, plus aimant, il est probable que nous porterions un regard fort différent sur ce que nous vivons.

Ainsi, cette personne qui nous a blessés, nous a-t-elle réellement blessés ou est-ce que ce ne sont pas plutôt nos conditionnements vétustes et dépassés qui nous font la juger comme nous avons toujours jugé ceux qui posaient le même geste ? Peut-être que cette personne du présent n'est pas animée des mêmes intentions, peut-être souffre-t-elle, peut-être a-t-elle des problèmes personnels plus graves qui la font réagir ainsi ? Même si le geste que nous subissons paraît semblable à quelque chose que nous avons déjà vécu, il ne peut jamais être le même, car la Vie est neuve à chaque instant ! Si tout change, peut-être devrions-nous nous aussi changer notre manière de percevoir la réalité.

Écoutons nos discours intérieurs, sachons reconnaître nos peurs derrière nos jugements intempestifs et automatiques, approchons la nouvelle réalité au niveau du cœur, pour y déceler les perles de trésor qu'elle renferme et que nous ne pouvons voir que si nous restons dans l'Amour et dans le moment neutre, ici et maintenant.

Dans la réalité que nous nous créons à chaque instant, nous pouvons vivre au paradis ou en enfer, souffrir ou être heureux. Le choix est le nôtre.

Quand la réalité frappe !

L'être humain n'aime pas souffrir. Et pourtant, c'est encore l'être vivant qui se fait le plus souffrir sur cette terre, et de son propre chef ! Aucun autre être vivant ne se fait volontairement souffrir autant que l'humain ! Et, paradoxalement, aucun être vivant ne cherche autant le bonheur que l'humain ! Incroyable, n'est-ce pas ?

Pourtant, ce qui nous fait tant souffrir, c'est notre propension phénoménale à distorsionner la réalité pour qu'elle nous convienne !

Nous passons notre temps à tenter de modifier la réalité pour qu'elle corresponde à ce que nous voudrions qu'elle soit. Nous ignorons les signes nous indiquant qu'une situation n'est pas bonne pour nous car nous voulons que cela fonctionne comme nous le souhaitons. Nous enjolivons ou empirons une situation actuelle ou passée de manière à ce qu'elle nous permette d'attirer davantage l'attention des autres.

Pour éviter de nous remettre en question, nous nous faisons croire que notre situation est telle que nous la désirons, annihilant ainsi des pans complets de la réalité qui nous déplaisent, afin de nous puissions vivre dans l'illusion que ce que nous vivons est exactement ce que nous voulons.

Mais comme nous ne pouvons jamais avoir le dernier mot sur la Vie, tôt ou tard, la réalité nous rattrape en plein visage ! Nous « réalisons » alors que tous ces mensonges que nous nous sommes fait croire – ou « accroire » comme nous disons au Québec - ne sont justement... que des mensonges. Nous avons modifié la réalité telle que nous la percevions pour que nous puissions nous illusionner d'un bonheur fictif. Nous avons altéré une réalité afin de nous donner le beau rôle, de nous positionner en victimes, ou de nous donner l'impression que nous sommes vraiment, vraiment importants.

Mais quand la réalité nous rattrape, c'est tout une débâcle que nous subissons ! Tout ce que nous refusions de voir nous est dévoilé d'un coup ! Toutes les infinies tolérances que nous avons créées volent en éclat pour laisser la place à la vérité toute nue. Tous ces balayages sous le tapis n'ont rien donné de plus que de brasser de la poussière et de nous irriter les bronches.

Oui, le réveil est parfois brutal. Mais qui désire vraiment vivre dans le mensonge ? Si nous sommes quelque peu conscients, ou si nous aspirons sincèrement à le devenir, ne vaut-il pas mieux regarder la réalité en face une fois pour toute et faire les choix appropriés quant à ce que nous voulons vraiment ?

Combien d'échafaudages chambranlants se sont effondrés parce que bâtis sur du sable mouvant ? Combien de situations se sont dénouées quand la vérité a éclaté au grand jour ? Combien de relations se sont terminées quand la conscience et la lucidité ont fait équipe pour illustrer la vérité ?

Quelles sont les situations dans votre vie aujourd'hui qui mériteraient d'être éclairées au grand jour afin de diluer tout faux-semblant, tout mensonge, toute supercherie, toute fausseté ? Ne méritez-vous pas mieux que ce qui est faux ? Vous méritez toute la vérité : offrez-vous la sans culpabilité. C'est le premier pas vers un changement de vie porteur de tous les espoirs !

Notre création

Nous avons la plupart du temps le réflexe de pester contre ce qui nous arrive qui nous déplaît : une crevaison, la perte d'un emploi, un conflit avec un ami, la maladie, ou toute autre frustration ou désagrément qui se pointe dans notre vie. Nous disons alors que nous sommes malchanceux, que c'est la faute de l'autre, de l'économie, du destin...

Pourtant, lorsque nous atteignons nos objectifs, lorsque nos désirs se concrétisent, lorsque nous rencontrons une nouvelle personne intéressante ou que nous avons enfin l'emploi que nous convoitions, nous sommes fiers des efforts que nous avons consacrés, des visualisations que nous avons faites assidûment, du travail sans relâche que nous avons fourni, des actions que nous avons mises en place pour obtenir ce que nous voulions.

Alors quand ça va bien, c'est grâce à nous et quand ça va mal c'est la faute des autres ? Bien sûr que non !

Tout, absolument TOUT ce que nous vivons est le fruit de notre création, volontaire ou pas ! Ce sont nos croyances, nos peurs, nos pensées, nos jugements, notre niveau d'énergie mais aussi notre niveau d'Amour, de compassion, d'ouverture, de lâcher prise et d'accueil qui créent, à chaque moment de notre vie, le prochain instant.

En équipe avec la Vie, nous créons et attirons tout ce dont nous avons besoin en ce moment pour apprendre à mieux aimer. Que ce soit en apprenant la patience par les longs délais à obtenir ce que nous voulons, le lâcher prise en n'obtenant pas ce que nous souhaitons, la tolérance et le pardon lors de conflits, la confiance en la Vie lors d'une perte d'emploi, l'ouverture du cœur lors d'une rencontre merveilleuse et surtout l'Amour de soi en voyant les cadeaux extraordinaires qui se cachent derrière chaque événement que nous vivons, fût-il à prime abord horrible à nos yeux.

Rien, absolument RIEN de ce que nous vivons n'est inutile. Tout sert notre plus grand bien. Alors cessons de l'oublier lorsque nous avons envie de nous plaindre ! Rappelons-nous à chaque instant que tout ce qui nous entoure est notre création, le fruit des instants passés. Ce qui nous entoure ou ce que nous vivons en ce moment ne nous plaît pas ? Alors c'est en nous qu'il faut faire maintenant les changements nécessaires pour que demain soit plus agréable.

C'est une liberté extraordinaire le jour où nous comprenons enfin que nous créons tout ce que nous vivons car alors seulement, nous reprenons le pouvoir sur notre existence. Non pas pour fournir des efforts gigantesques pour changer ce qui ne nous plaît pas, mais pour nous changer nous, en nous, tout doucement, afin d'accueillir ce qui est là, fruit de notre création. Ainsi, sans résistance, dans l'ouverture du cœur, nous nous créons petit à petit des jours meilleurs.

Vous, l'autre et la relation

Il y a trois entités dans une relation : vous, l'autre et la relation. Lorsque les deux personnes peuvent être totalement elles-mêmes dans l'harmonie et le respect et que l'Amour y est présent, la relation peut plus facilement être harmonieuse, douce, simple et servir de tremplin à l'évolution de chacun. Dans d'autres cas, vous pouvez aimer l'autre, mais vous n'aimez peut-être pas la relation que vous vivez avec cette personne. Ou vous pouvez aimer l'autre, mais ne plus VOUS aimer dans ce que vous êtes devenus pour que cette relation fonctionne.

La Vie nous envoie parfois de grandes leçons sans que l'on s'y attende ! Un jour, alors que j'attendais le train à Marseille, un homme est venu s'asseoir avec moi pour discuter. Et comme ça, de but en blanc, sans que je le connaisse, il me raconte sa relation amoureuse avec une femme qu'il aime depuis de longues années. Pourtant cette relation était souvent difficile. La veille, lors d'une discussion, sa femme lui a demandé s'il l'aimait encore. Et spontanément il lui a répondu : « Oui je t'aime toujours mais c'est moi que je n'aime plus dans cette relation ! Je m'y suis perdu et je ne m'y retrouve plus ! »

Cette réponse m'a soufflée ! Quel courage et quelle lucidité que de se rendre compte que pour assurer la survie de la relation, cet homme avait renoncé à ce qu'il était. Je ne connais pas la fin de l'histoire – mon train arrivait en gare ! – mais je parierais que cet homme aujourd'hui, qu'il soit encore ou pas dans cette relation, a pris la décision ferme pour le reste de sa vie d'apprendre à s'aimer suffisamment pour ne plus jamais se perdre au détriment de qui ou quoi que ce soit.

Et vous ? Vous aimez-vous dans ce que vous vivez ? Êtes-vous resté vous-même, continuant d'évoluer avec votre partenaire de vie ? Ou vous êtes-vous perdu en cours de route, tentant de vous mouler et de vous rapetisser au fil des mois pour que la relation fonctionne, pour faire cesser les reproches, pour éviter les conflits, pour ne pas provoquer sa colère, pour acheter la paix, pour être le ou la partenaire parfait/e auquel ou à laquelle l'autre s'attend, ou parfois même, exige ?

Et si c'est le cas, si vous vous êtes perdu, sachez qu'il n'est JAMAIS trop tard, quel que soit votre âge ou les conditions environnantes, pour choisir de redécouvrir qui VOUS êtes au fond de vous et réapprendre à vous aimer tel que vous êtes.

La personne la plus importante de votre vie, c'est toujours VOUS ! Nous sommes sur terre pour notre évolution, pour apprendre à nous aimer d'abord et à aimer les autres. Mais pour rien au monde nous ne devrions devenir ce que nous ne sommes pas pour plaire à d'autres qui seront, de toute façon, rarement satisfaits. Ce n'est qu'en restant pleinement nous-mêmes, en nous respectant, en nous tenant debout avec Amour que nous pourrons réussir la relation la plus importante de notre Vie : celle que nous avons avec nous-mêmes.

La relation avec soi

Nul ne peut remettre en question l'importance de l'estime de soi. Ce n'est qu'en s'aimant soi-même que l'on peut aimer vraiment les autres et accepter d'être aimé.

Pour s'aimer, nous l'avons vu dans mes ouvrages précédents, il est important de soigner ses blessures, de se libérer du poids du passé, de guérir ce qui nuit à notre évolution, de prendre soin de soi, d'être bienveillants pour l'enfant en nous et surtout, de cesser tout jugement à notre propos.

Mais parfois, malgré un travail assidu et ardu sur nous-mêmes, et bien que nous croyons avoir tout réglé (!) il arrive (souvent !) que certains éléments ne soient pas encore parfaitement guéris. C'est ici qu'intervient l'interrelation que nous avons les uns avec les autres. L'autre, surtout celui ou celle qui nous irrite, est là pour mettre en lumière cette zone d'ombre que nous n'avons pas encore repérée en nous, ou que nous refusons de voir. Chaque relation est porteuse de liberté pour que nous puissions nous libérer, justement, de ce poids inutile que nous traînons depuis trop longtemps.

Dès que nous faisons la paix en nous, nous faisons la paix avec les autres.

Mais pour cela, il nous faut être authentiques et vrais. Car si nous ne le sommes pas, nous attirerons cela même que nous démontrons. Si nous sommes trop gentils afin de nous faire aimer, nous attirerons des gens qui abuseront de notre excès de gentillesse car ils sentent que nous ne mettrons pas de limite à leur appétit d'être admiré et de nous utiliser dans leur propre besoin d'être aimés. Toute la différence du monde réside dans le choix d'être gentil... ou d'être vrai. Désirons-nous être aimés pour l'image que nous tentons de projeter, ou pour ce que nous sommes vraiment ? La lourdeur de porter un masque, et parfois une carapace, pour nous faire aimer des autres nous épuise et nous tue à petit feu. Nous ne réussirons jamais à être aimés pour ce que nous sommes si nous ne sommes pas vrais nous-mêmes.

Depuis que nous sommes tout petits, on nous apprend le déni de soi : sois gentil, ne dis pas de choses méchantes, fais plaisir à maman, écoute papa, partage avec ton petit frère, ne dis pas que tu n'aimes pas ça, et combien d'autres injonctions visant à faire de nous des êtres obéissants recherchant constamment l'approbation et l'amour des autres. Malgré les intentions innocentes de nos parents et des figures d'autorité de notre enfance, nous avons appris pendant des années à nier ce que nous sommes pour nous conformer aux attentes de la famille, de la société, du travail, des normes communautaires ou religieuses. Nous avons appris à effacer, taire ou camoufler ces traits qui nous appartiennent pour faire plaisir aux autres.

Et nous nous étonnons plus tard de connaître des relations difficiles avec les autres ! Évidemment, car peu de gens ont vraiment accès à la personne que nous sommes vraiment.

Il est donc urgent de se récupérer, de revenir à soi, d'apprendre à s'aimer et de prioriser ce que nous sommes plutôt que le travail, les obligations, la gentillesse, le perfectionnisme. Il nous faut apprendre à nous aimer et non à répondre aux attentes des autres, ni même à notre besoin d'être aimés.

La relation avec la vie

Nos croyances face à la Vie conditionnent toutes nos relations avec les autres, notre vie, notre succès, notre bonheur, et même notre santé. Si nous croyons que la Vie est dure, c'est ce que nous vivrons. Si nous croyons qu'il faut travailler fort dans la Vie, c'est ce que nous devrons faire pour arriver. Si nous croyons que la Vie est injuste et qu'il y a trop d'inégalités et d'injustices, c'est ce que nous rencontrerons en permanence sur notre chemin, jusqu'à ce que nous changions nos perceptions de la Vie.

Mais si nous croyons ces 5 grands principes de vie :

- La Vie est bonne
- La Vie sait toujours ce qu'elle fait
- La Vie sait toujours mieux que nous ce dont nous avons besoin
- La Vie veut toujours notre bien
- La Vie a le sens de l'humour !

Alors c'est ce qu'il nous sera donné d'expérimenter tout au long de notre vie. Il nous arrive un pépin ? Alors comme la Vie sait mieux que nous ce dont nous avons besoin, nous pouvons comprendre ainsi que ce problème est essentiel pour notre évolution. Rien ne nous arrive pour rien. En fait, rien ne nous arrive À nous mais bien POUR nous, pour notre développement, notre apprentissage, notre guérison, notre évolution.

Lorsque nous adoptons ce mode de fonctionnement, c'est toute notre vie qui s'en trouve complètement transformée. Ainsi, nous n'avons plus tendance à résister à ce qui est là mais plutôt à accueillir la réalité telle qu'elle est.

Car chaque fois que nous résistons à la réalité comme elle se présente en ce moment de notre vie, nous souffrons. Même si nous ne voulons pas que cet accident ait eu lieu, il a eu lieu. Même si nous refusons que cette séparation survienne, elle est advenue. Même si nous ne voulons pas que notre enfant fasse à sa tête, c'est ce qui se passe actuellement. Tout ce à quoi nous résistons nous fait souffrir.

Comment savoir si nous avons vraiment besoin de ce que nous vivons en ce moment ? Si nous le vivons, c'est que nous en avons besoin ! Si nous n'en avions pas besoin, nous ne le vivrions pas ! De même, ce que nous souhaitons vivre en ce moment mais que nous ne réussissons pas à obtenir, c'est que ce n'est pas le bon moment pour nous.

Il reste de la préparation à faire ou peut-être que ce que nous souhaitons ne serait pas la bonne chose à vivre en ce moment ou que cela ne serait pas le bon moment pour ça. Tout ce que nous vivons nous sert. Et tout ce que nous ne vivons pas, malgré nos désirs, c'est parce que c'est mieux ainsi. Cela peut sembler simpliste ? Mais la Vie est simple ! C'est nous qui la compliquons inutilement avec nos attentes, nos exigences, notre refus, nos résistances !

Ce n'est qu'en accueillant la réalité telle qu'elle est, sans y opposer nos conditions, nos supplications, notre révolte, que nous pouvons vivre en paix et ENFIN SORTIR DE LA SOUFFRANCE ! C'est notre résistance à ce qui est qui nous fait toujours souffrir, jamais la réalité.

Je sais, ces quelques mots peuvent déjà créer beaucoup de résistance en vous. Mais si vous faites le bilan de vitre vie actuelle, et si vous êtes complètement honnêtes avec vous-mêmes, vous conviendrez que c'est votre refuis d'accepter ce que vous ne pouvez pas changer qui vous fait souffrir. Même si nous éprouvons un chagrin immense d'avoir perdu l'être aimé, tant que nous y résisterons nous resterons dans la souffrance. C'est quand enfin nous faisons la paix avec la réalité que cette paix s'installe en nous et fait fuir la souffrance.

Ce sont nos pensées par rapport à ce que nous vivons qui nous font souffrir, et non la situation.

Pour être à l'écoute de ce que nous vivons, de ce que nous pensons, de ce que nous croyons, nous devons RALENTIR, nous arrêter pour nous connecter à nous, puis à l'autre et à la Vie. Cessons de courir car nous passons à côté de l'essentiel. Seule une véritable présence à soi peut nous permettre d'éviter le déni de soi.

Tant que nous nous éparpillons, que nous courons à gauche et à droite, que nous remplissons nos milliers d'obligations, que nous nous sentons forcés d'avoir un agenda bien rempli, même pendant nos congés, alors nous fuyons cela même que nous cherchons. Ce bonheur, cette paix, cet épanouissement sont déjà présents en nous mais nous les cherchons à l'extérieur sans arrêt. Nous ne voyons pas que ce trésor tant désiré est déjà présent en nous parce que nous courons comme des poules sans tête après toutes ces distractions qui ne font que nous éloigner de nous-mêmes. C'est en revenant à nous, en nous, en nous préservant des moments de calme, de vide, de repos, en commençant à dire non aux autres pour nous dire oui à nous que nous pourrons nous reconnecter à cette Source en nous qui ne nous a jamais quittée.

Tout ce que nous cherchons se trouve déjà là, en nous.

Nous avons toujours le choix entre mener des combats, faire des efforts, vivre des frustrations ou faire preuve d'accueil, d'ouverture, de docilité même face à la Vie. Les premiers nous font vivre dans le stress, les derniers dans la paix.

Comment se porte votre relation avec la Vie, en général ?

- Quelle est votre attitude générale face à la Vie, au quotidien ?
- Quelles sont vos croyances ?
- Qu'est-ce que vous choisissez de voir, de croire ?
- Est-ce que vous croyez vos pensées ?
- Quelles croyances avez-vous hérité de votre éducation et que vous maintenez encore ?
- Où, dans quelles circonstances résistez-vous à la réalité ?
- Lorsque les choses ne fonctionnent pas comme vous voulez, est-ce que vous avez tendance à faire encore plus de ce qui ne fonctionne pas ?

À chaque instant, vous pouvez faires le choix d'être heureux ou malheureux. Vous pouvez choisir ce qui est bon pour vous, ce qui vous procure de la paix ou vous pouvez choisir de faire, de penser et de croire ce qui vous stresse, vous rend malade, vous détruit. Vous avez le choix d'écouter votre ego ou votre sagesse intérieure (votre cœur).

Vous voulez connaître l'éveil ? Accepter la réalité telle qu'elle est ! L'acceptation totale de la réalité, c'est l'éveil. Vous avez le choix : aimer la réalité telle qu'elle est ou y résister et souffrir.

La relation avec les autres

Que pensez-vous des autres ?

Quelles sont vos croyances face à l'Amour, à la vie, au travail, aux autres : patron, collègues, enfant, mari, femme, ex, famille, belle-famille ?

Prenez le temps de répondre à ces questions car vous y découvrirez les réponses aux questions que vous vous posez depuis si longtemps : Pourquoi est-ce si difficile de trouver la personne parfaite pour moi ? Pourquoi est-ce que j'ai toujours des patrons incompétents ? Pourquoi ai-je tant de difficultés avec mon ado alors que c'était un enfant facile et agréable ?

Lorsque nous faisons honnêtement et minutieusement cet exercice de réflexion, nous pouvons arriver à débusquer nos fausses croyances en rapport avec chacun des éléments importants de notre vie. Ainsi, il se peut que nous découvrions que nous croyons ne pas mériter d'être aimés, ce qui attire à nous le genre de relations qui nous donnera raison ! Si notre croyance est à l'effet que les hommes sont comme ceci et les femmes comme cela, nous attirerons toujours ce en quoi nous croyons et nous rencontrerons des hommes ou des femmes qui illustreront parfaitement nos fausses croyances.

Donc, si nous voulons attirer de belles personnes, ce sont nos croyances qu'il faut d'abord changer. Mais pour les modifier, nous devons d'abord les identifier. Puis, nous devons devenir cela même que nous désirons attirer dans notre vie car nous attirons toujours ce qui est en affinité avec nous et avec nos croyances. Si nous travaillons notre estime de soi et que nous nous aimons assez pour enfin croire que nous méritons d'être aimés pour ce que nous sommes, c'est ce que nous attirerons dans notre vie.

Ce n'est jamais l'autre le problème, c'est toujours ce que nous croyons qui porte obstacle à notre bonheur.

Ainsi, nous sommes responsables de TOUTES nos relations.

Nous ne pouvons pas attirer ce qui n'est pas compatible avec notre niveau d'énergie. Alors celui-là même qui nous irrite, qui nous blesse ou qui complique notre vie, quel est l'espace en nous qui résonne à ce niveau d'énergie ? Est-ce que nous nous traitons mal, nous-mêmes ? Sommes-nous capables de bienveillance envers nous ? Répétons-nous des scénarios connus de mauvais traitements, de manques d'amour dans notre enfance ? L'autre met toujours en lumière nos zones d'ombres afin que nous puissions les voir et leur accorder l'attention et les soins nécessaires. C'est pour cela que je l'appelle **Partenaire de liberté**.

En nous montrant cet espace en nous où nous ne sommes pas encore présents, cet endroit où nos croyances erronées, nos blessures enfouies, nos refus de pardonner nous empêchent d'être heureux, il nous permet de nous en libérer et d'accéder à notre plein potentiel d'amour.

Dans nos contrats d'âmes, nous avons sans doute pris entente avec cet autre pour qu'il vienne nous éveiller à notre conscience. C'est un contrat d'amour qui lie les âmes entre elles, et non un contrat de souffrance. À un niveau plus élevé, l'autre agit ainsi pour nous par amour. Mais l'humain en nous, et en l'autre, ne s'en rappelle pas. Tant que nous refusons de voir ce qui est là, nous refusons de laisser grandir l'amour en nous. Le seul pouvoir que nous avons pour changer le monde, c'est incarner l'amour en ce monde.

L'autre n'est JAMAIS responsable de mes problèmes, de mes émotions, de mes réactions, de mes pensées. Et je ne suis pas responsable des siens non plus !

Lorsque nous étions petits, si nos parents voulaient nous punir, nous avions tendance à dire : « Ce n'est pas moi, c'est lui ! » Mais aujourd'hui, avec le niveau de conscience que nous avons, nous devons apprendre à dire « Ce n'est pas lui, c'est moi ! »

Dans une situation de conflit ou d'inconfort, se répéter cette phrase « C'est pas lui, c'est moi » comme un mantra peut enfin nous amener à voir ce que nous refusions de voir jusqu'ici. En quoi est-ce que je fais pareil que ce que l'autre me donne à vivre en ce moment ? Où est-ce que je me traite de la même manière dont je suis traitée en ce moment ? Quelle croyance a attiré à moi cette situation ?

Chaque fois que nous pouvons ramener à nous la responsabilité de la situation, nous accomplissons des pas de géant dans notre évolution. Car nous sortons du jugement pour entrer dans l'amour. Plutôt que de blâmer l'autre, nous découvrons en nous cette zone qui a besoin de notre amour. Il ne s'agit certainement pas de transférer le jugement d'autrui à nous, bien au contraire. Il s'agit de poser un regard aimant sur cette partie de nous qui a froid et qui n'a pas encore été aimée.

Les conflits

Les conflits ont toujours pour origine 2 egos qui s'affrontent et qui ont peur. L'ego refuse de lâcher le morceau et d'avoir tort. Il préfère la colère qui, croit-il à tort, le protéger d'être annihilé par l'ego de l'autre. L'ego veut toujours avoir raison et que l'autre ait tort. Sans nous en rendre compte, il nous garde ainsi toujours dans un rôle de victimes : victimes de l'autre, victimes des circonstances, victimes de la Vie.

Mais dès que nous ramenons le tout à propos de nous, il n'y a plus de victime. Nous reprenons le pouvoir de notre vie et nous laissons à l'autre son propre pouvoir. Ce qu'il en fera ne nous regarde pas. Si l'autre veut continuer de se comporter en victime, libre à lui. Nous ne sommes pas ici pour tenter de le convaincre de penser comme nous, car alors nous retomberions dans le piège de l'ego ! Nous sommes ici pour apprendre à être libres, à aimer et à nous aimer.

Le rôle de l'ego est présent dans toutes nos relations, jusqu'à ce que nous soyons conscients de la place qu'il prend. Si nous observons nos relations qui s'avèrent plus difficiles, pouvons-nous découvrir ce que l'ego cherche à prouver dans cette relation ? Ainsi, si nous avons des conflits à répétitions avec notre adolescent, se peut-il que ce soit parce que nous voulions qu'il fasse comme nous voulons, qu'il prenne les décisions qui nous conviennent, qu'il comprenne ce que nous voulons qu'il comprenne ? Voyez-vous le rôle de l'ego ici qui veut encore avoir raison ? L'ado n'est plus un petit enfant obéissant - s'il l'a déjà été ! C'est un être humain à part entière qui aspire à vivre sa propre vie comme il l'entend, que cela nous plaise ou non. Plus il cherche à s'affirmer, mieux il s'en portera plus tard, car il ne rentrera pas dans les moules que nous tentons vainement de lui imposer. Il ne sera pas dans le déni de soi, comme nous l'avons vu plus tôt.

Ce qui nous irrite chez les autres est une grande bénédiction ! Nos plus grands maîtres sont souvent ceux qui nous irritent le plus. Et s'ils nous irritent depuis longtemps, c'est sans doute qu'inconsciemment nous refusons (notre ego refuse) d'apprendre ce que le comportement de l'autre tente de m'enseigner. Qu'est-ce que nous ne voulons pas voir dans cette situation ? L'endroit où nous résistons le plus est celui qui a le plus besoin de notre attention. Chaque fois que nous voulons convaincre l'autre de faire quelque chose ou de lui prouver que nous avons raison, nous devrions regarder en nous en quoi cela s'applique pour nous. Souvent même, les conseils que nous répétons aux autres sont ceux que nous devrions appliquer pour nous-mêmes.

Les irritants illustrent nos mécanismes de résistance à voir ce que nous devons soigner : il est plus facile de le voir chez l'autre et de ne pas le voir en nous ! L'autre est toujours une projection de nous, notre miroir : où faisons-nous pareil ? L'émotion qu'il nous fait vivre demande à être vue, elle vit en nous, pas en l'autre. Et ce qui est vu est vu ! Une fois que nous l'avons débusquée, nous ne pouvons plus ne pas la voir !

Ce n'est jamais la faute de l'autre ! Il est vrai que parfois l'autre nous propose un itinéraire tonique ! Il nous invite à nous éveiller, à déverrouiller nos portes, à éclairer nos zones d'ombre pour les mettre en lumière. Si nous accueillons l'expérience au lieu d'y résister, nous ne pourrons plus nous mentir maintenant : il est temps d'être pleinement ce que nous sommes. Fini le temps des excuses et des accusations, c'est le temps de nous assumer pleinement. Ce n'est qu'à ce prix que nous pourrons être libres et heureux.

Les scénarios

Ce que nous vivons à répétitions mérite d'être attentivement observé car il y a là une forte zone de résistance en nous, une fausse croyance solidement ancrée, un manque d'amour profond qui demande à être comblé. Nos relations qui connaissent les mêmes scénarios les uns après les autres devraient nous amener à sonner l'alarme qu'une prise de conscience importante nous attend, pour peu que nous ouvrions notre esprit et notre cœur et que nous mettions notre ego de côté quelque peu.

En voulant nous protéger des autres, nous nous sommes coupés de nous-mêmes. Souvent, nous avons érigé des mécanismes de défense pour éviter de souffrir mais ce sont ces mêmes mécanismes qui sont devenus des murs entre nous et les autres et qui nous empêche d'avoir des relations authentiques et bienveillantes. En tentant de nous couper de certaines émotions pour, croyions-nous, ne pas souffrir, nous nous sommes coupés de toutes nos émotions et nous souffrons. Car il est impossible de se couper de certaines émotions spécifiques et de garder les autres intactes. Le cœur se referme sans égard aux émotions qu'il restreint. La vie est faite de toute la gamme des émotions. Ne nous privons pas d'en éprouver certaines car alors nous nous privons de toutes. Celles qui sont enfouies en nous, celles que nous avons cru pouvoir éviter, sont celles qui nous font le plus souffrir et qui nous privent du sentiment de bonheur qui attend là, tapi en nous.

En faisant face à la réalité, non pas celle souhaitée ou crainte, mais celle présente, nous pouvons vraiment vivre dans le moment présent. Ce qui est, est. Que nous résistions, que nous nous fassions souffrir, que nous hurlions notre colère n'y changeront rien. Cela est. Acceptons les émotions qui viennent mais ne nous y accrochons pas. Apprenons à aimer ce qui est, ici maintenant, sans les « cela n'aurait pas dû, il faudrait, il aurait dû, il ne devrait pas » tellement porteurs de souffrance inutile.

Si nous regardons la réalité bien en face, surtout celle où les scénarios se répètent trop souvent à notre goût, alors nous pourrons voir ce que nous pouvons changer pour faire cesser ce scénario. Si nous accueillons ce que la situation nous montre, si nous prenons acte de notre propre résistance, si nous nous ouvrons à une autre manière de regarder la situation, de nouvelles options se présenteront à nous mais surtout, nous comprenons alors que nous avons toujours le pouvoir de changer les choses qui nous concernent.

C'est ainsi que nous pouvons nous libérer. Nous avons besoin de l'autre pour apprendre à nous aimer et à aimer : l'autre nous montre le déni en nous, il agit comme révélateur de ce que nous nions. Notre estime de soi figure toujours dans le miroir que l'autre nous renvoie. L'autre est là pour nous révéler à nous-mêmes : c'est toujours un messager. Nous pouvons nous libérer grâce à l'autre qui met en lumière notre vérité. Ainsi, **l'autre passe de bourreau à allumeur de réverbères !**

Quelles blessures n'avons-nous pas encore soignées ? Qu'est-ce que nous n'avons pas encore découvert en nous ? Qu'est-ce qui m'irrite tant chez l'autre ? Où est-ce que j'agis de manière semblable pour moi ? Ces questions sont celles qui contribuent à nous rendre libres et à sortir enfin de la souffrance.

Pour cela, nous devons développer notre présence à soi et aux autres. Nous devons enfin oser être soi, être authentiques pour être libres et vivre en harmonie. Surtout, nous sommes responsables de notre bonheur : prenons les responsabilités qui nous reviennent et délestons-nous de ce qui n'est plus utile. Offrons au monde ce que nous sommes vraiment.

Tous partenaires de liberté : la réalité

Aussi longtemps que nous gardons une fausse perception de la réalité, nous continuons d'attirer des situations nous obligeant à rectifier cette fausse perception.

Ce qui nous arrive ce n'est jamais pour nous détruire, mais bien pour nous permettre de voir ce qui se vit en nous à notre insu. Cela n'arrive pas À nous mais POUR nous. Mais si nous résistons à ce qui, de toute façon, est déjà là, nous nous faisons souffrir inutilement. Même si l'événement est douloureux n soi, n'en rajoutons pas en lui résistant ! Si nous nous mettons à créer des pensées de résistance, de refus de la réalité, de déni et de colère, nous ajoutons nous-même de la souffrance à ce qui est là. Beaucoup même continuent d'alimenter ces pensées souffrantes bien des jours, des semaines, des mois et même des années après que l'événement eut lieu ! En continuant de résister, ils se créent ainsi de la souffrance inutilement et se maintiennent dans une position de victimes, croyant à tort qu'ils n'ont pas le pouvoir d'en sortir. En refusant d'accepter la réalité, en créant des pensées de souffrances, en croyant qu'il est impossible de pardonner à l'autre, c'est eux-mêmes qu'ils font souffrir.

Tout est toujours exactement comme cela devrait être. Aucun événement ne survient pour rien. Tout vise à nous apprendre quelque chose d'important pour nous. Tout le monde souhaite évoluer mais parfois il semble que personne ne veut apprendre !

Les apprentissages ne sont font pas avec la tête, ils se font avec l'expérience vécue. Nous aurons beau lire tous les livres de sagesse et comprendre intellectuellement les grands principes de vie, ce n'est qu'en vivant les expériences que nous intégrerons les apprentissages. Et tant que nous ne nous y ouvrons pas, tant que nous refusons d'apprendre de ce qui est là, la leçon nous est représentée sans cesse, jusqu'à ce que nous apprenions. Comprenons donc que tant que nous résistons à apprendre, nous souffrons car cette leçon nous reviendra sous une forme encore plus directe, plus confrontante peut-être, pour qu'enfin nous ouvrions les yeux... et le cœur. Pour guérir le cœur, il faut d'abord l'ouvrir.

N'essayons pas de changer le monde pour qu'il corresponde à ce que nous croyons qu'il devrait être mais rencontrons plutôt la réalité telle qu'elle est, ce qui procure une liberté et une joie extraordinaires. C'est dans l'accueil de la réalité telle qu'elle est que se trouve la vraie liberté.

Nous souffrons seulement lorsque nous croyons une pensée qui conteste ce qui est. Vouloir que la réalité soit différente de ce qu'elle est, c'est comme vouloir apprendre à un chat à aboyer. Tout notre stress vient du fait de contester, de résister à ce qui est. C'est toujours douloureux quand nous contestons la réalité. La réalité est bonne telle qu'elle est car dès que nous la contestons, nous stressons et nous souffrons. Lorsqu'on cesse de contester, l'action à faire devient fluide et claire, et la souffrance disparaît. Peut-être le chagrin, la déception, le manque demeureront-ils un certain temps, mais la souffrance n'y sera plus.

Pour y voir plus clair, nous devons questionner honnêtement toutes ces pensées qui nous font souffrir.

- Est-ce que la pensée que je crois en ce moment est vraie ?
- Comment j'agis quand je crois cette pensée ? Comment je me sens ?
- Comment j'agirais si je ne croyais pas cette pensée ? Comment me sentirais-je ?
- Où est-ce que je fais la même chose ?
- Où est-ce que j'aurais envie de faire la même chose mais ne me le permet pas ?
- Est-ce que je peux retourner cette pensée vers moi ?
- Est-ce que je peux trouver son opposée ?

(Librement inspiré de *Le travail,* de Byron Katie, que je vous recommande chaudement)

Nous avons plus de pouvoir quand nous accueillons la réalité, car nous pouvons nous mettre à la recherche de solutions, plutôt que lorsque nous y résistons, et restons coincés dans notre rôle de victimes.

Nous seuls pouvons nous libérer de notre souffrance mais l'autre nous aide à le faire plus rapidement, car il nous montre ce que nous n'avons pas encore vu. Si nous apprenons à voir les choses sans résistance et sans la confusion issue de notre combat intérieur, nous nous libérons plus rapidement de ce qui entrave notre bonheur.

Toute chose à l'extérieur de nous est le reflet de notre mental, de nos croyances, de nos pensées. Tant que nous croyons que la cause de notre problème est extérieure, la situation est sans espoir, nous restons coincés dans notre rôle de victime. En ramenant la vérité à soi, nous nous libérons. La libération de la souffrance survient quand nous découvrons les pensées que nous croyons et que nous arrêtons d'y croire. Notre vie entière est bâtie sur des croyances jamais remises en question. Sans histoire, nous sommes capables d'agir clairement et sans peur.

Byron Katie, une auteure américaine que j'apprécie beaucoup, affirme qu'il existe nos affaires, les affaires de l'autre, les affaires de Dieu, ou de la Vie. Nous souffrons systématiquement quand nous sommes en dehors de nos affaires. Dès que nous nous mêlons des affaires de l'autre (il ne devrait pas faire ça, tu devrais plutôt, elle devrait agir ainsi), nous souffrons. Dès que nous contestons la réalité, donc les affaires de la Vie (pourquoi peut-il toujours pendant mes vacances, cette accident n'aurait pas dû arriver, etc.), nous souffrons ! Ce n'est qu'en restant concentrés sur nos affaires que nous pourrons connaître la paix car qui vit notre vie pendant que nous sommes occupés dans les affaires de l'autre ou de la Vie ? Personne ! Penser que nous savons mieux que l'autre ce qu'il devrait faire c'est de l'arrogance, c'est l'ego en maître absolu ! La prochaine fois que vous vivrez du stress ou un malaise, demandez-vous dans les affaires de qui vous vous trouvez mentalement.

Quand nous accueillons la réalité telle qu'elle est, que nous l'apprenons à l'aimer même si elle nous déplait, nous comprenons que, tout étant parfait, il n'y a rien à pardonner à qui que ce soit. Tout ce qui arrive est là pour nous éveiller à notre lumière intérieure. Ce qui dérange, ce qui fait mal, ce qui fait souffrir, ce qui stresse sont les révélateurs de notre véritable soi.

Parfois nous avons l'impression d'avoir pardonné un peu, en partie, ou presque complètement à celui qui, avons-nous cru, nous a fait du mal. Mais comme il n'était qu'un révélateur de notre propre lumière, il a bien fait son travail ! Il est notre Partenaire de liberté ! Nous ne sommes pas libres tant que notre pardon n'est pas total : ce 1 % non pardonné est l'endroit même où nous restons coincés dans toutes nos relations, incluant celle avec nous-mêmes. Les scénarios qui se répètent, les situations qui reviennent et qui nous font souffrir nous illustrent invariablement les endroits où nous n'avons pas encore pardonné *totalement*.

Quand nous comprenons que tout nous sert, nous renonçons aux blâmes, aux reproches, aux accusations, aux rancunes, au sentiment d'injustice, à la haine. Nous en arrivons même à éprouver de la gratitude envers la personne qui nous a fait mal car elle nous a permis de guérir cela même qui nous faisait souffrir. Nous développons alors un sentiment de gratitude et de reconnaissance envers soi, envers l'autre et envers la Vie. La gratitude modifie les connexions neuronales, secrète de la dopamine et de la sérotonine, les hormones du bonheur et de la détente. Nous sommes tous gagnants ! La gratitude attitude change l'altitude !

Voyez-vous comme tout nous enseigne constamment ? Voyez-vous comment la Vie est bonne à chaque instant ? Tout est là pour nous ! Il ne nous reste qu'à cueillir, accueillir et aimer.

Il n'y a rien à juger ni rien à pardonner : il y a tout à accueillir et tout à aimer.

La Vie, la réalité, nous gratifie avec bienveillance et abondance de cadeaux à chaque instant. Mais nous ne pouvons les accepter qu'en ayant le cœur ouvert.

Tout advient parfaitement pour que nous incarnions pleinement ce que nous sommes.

C'est notre responsabilité de rendre réel l'Amour que nous sommes.

Le but c'est d'aller à la rencontre de nous-mêmes, dans la paix de l'âme, avec une posture d'amour inconditionnelle envers Soi, envers les autres, envers la Vie.

Nous sommes tous unis mais nous avons chacun notre route.

L'autre est l'initiateur de ce courant vertical qui nous incite à nous élever.

Tout nous invite à aller à notre propre rencontre. C'est là que se trouve la Liberté !

Il est temps d'avancer

Il y a plusieurs étapes dans notre évolution. Les prises de conscience sont nombreuses pour nous permettre d'avancer, de nous rapprocher de ce que nous sommes vraiment. Les textes qui parlent de trahison, de victime, de manipulateurs, de blessures, de souffrances ont toujours connu beaucoup de réponses de la part des lecteurs. Nous aimons tous nous sentir compris, bercés, accueillis dans ce que nous vivons. Nous avons besoin les uns des autres pour traverser cette étape.

Mais il vient un temps où il faut avancer aussi. Le temps de prendre conscience que nous sommes tous responsables de notre vie ; que nous créons notre réalité à chaque instant ; que tout autour de nous est le fruit de notre création ; que nous ne pouvons pas attirer ce qui ne vibre pas au même niveau que nous ; que nous sommes aussi responsables de nos réactions, de nos choix, de nos décisions. Et que le temps des blâmes et des justifications tire à sa fin.

Sortons de notre position de victimes, finissons de guérir nos blessures en les aimant pour ce qu'elles sont : des enseignantes de Vie. Commençons à accueillir la réalité telle qu'elle est plutôt que comme nous voudrions qu'elle soit : les « devrait, aurait dû, n'aurait pas dû » sont inutiles et nous font souffrir.

Avançons sur notre chemin car il nous est demandé de nous éveiller à la grandeur de la Vie, plutôt que de la voir avec notre petite perspective. Cessons de nous plaindre, de répondre « oui mais » aux suggestions d'avancer ou d'utiliser les insultes pour ceux qui tentent de nous aider à nous élever, par peur de devoir bouger.

Il est temps d'avancer vers ce que la Vie attend de nous, de nous ouvrir à ce qu'elle nous enseigne, inlassablement, patiemment, jusqu'à ce que notre ego cesse d'être entêté et que nous ouvrions enfin notre cœur à sa grande sagesse.

Fini le temps de nous plaindre, d'accuser l'autre, de lui rejeter tout le blâme et toute la faute. Prenons la responsabilité de notre Vie, de notre bonheur, de notre paix intérieure. Cessons de courir toutes ces chimères pour enfin nous mettre à l'écoute de notre âme, pour se retrouver soi, dans le silence de notre cœur, pour découvrir que nous sommes **Tous partenaire de liberté, pour sortir de la souffrance et poser un regard neuf sur soi, sur l'autre, sur la vie et ainsi passer de victimes à cocréateurs de notre vie.**

Ça bouscule un peu ? Oui car il est temps d'avancer !

Remerciements

C'est tout l'univers au complet que j'ai envie de remercier pour ces enseignements intenses des derniers mois ! L'ouverture du cœur et l'abandon de la résistance font des miracles pour notre évolution !

Un premier Merci infini à Gregory Mutombo pour ta présence dans ma vie, pour ces chemins lumineux que tu proposes et pour ton amitié d'âme qui m'élève. Merci pour cette magnifique préface qui m'a touchée droit au cœur, puisée à la Source de ta sagesse. Tu as inspiré les prémisses de base de ce livre en m'ouvrant le cœur à cette Vie qui m'attendait. Merci merveilleuse Sandy Octavia pour la douceur de notre amitié, pour la beauté de tes œuvres et pour ta lumière unique. C'est toujours un grand moment de bonheur de te retrouver.

Merci à vous qui me lisez et à tous ceux et celles qui sont ou furent mes Partenaires de liberté durant toute ma vie mais plus particulièrement au cours des derniers mois. Nos contrats d'âme m'émeuvent, même si parfois je les ai compris à retardement. Merci d'avoir tous et chacun oeuvré à éveiller mon cœur à l'Amour inconditionnel. Vous avez tous contribué à la rédaction de ce livre !

Merci chère Francine pour les discussions stimulantes et pour la mise en page de ce livre avec Amour. Merci Sandrine pour la production graphique ultra rapide et professionnelle.

Merci à mes amis/amies et à ma famille, qui comprennent que je les aime toujours autant même si mon horaire ne me permet pas de les voir aussi souvent que je le voudrais. Votre présence dans ma vie et votre affection me sont précieuses. Merci mon Papa d'amour, je sais que de là-haut, tu es fier de moi et tu veilles sur nous.

Merci tout particulier à Pierre Leré Guillemet, Gérald Ben Merzoug, Julie Anne Robitaille et Somasekha pour nous avoir inlassablement et patiemment parlé de l'éveil et de la merveille que nous sommes tous. Merci d'avoir contribué à ouvrir notre âme et notre conscience à ce que nous sommes. Et merci à Isabelle Lesieur pour ta générosité de cœur qui m'a fait découvrir ces personnes si lumineuses, tout comme toi! Je dois beaucoup à la justesse de ton intuition!

Merci Olivier pour notre complicité exceptionnelle de 40 ans ! Pour tout ce que tu es et pour le bonheur d'être ta mère, je suis remplie de gratitude que tu m'aies choisie pour être celle qui t'a donné la Vie. Tu es un homme merveilleux, bon, généreux, cool et tu embellis ma vie ! Je t'aime.

Merci Samuel d'être ce fils extraordinaire qui a travaillé si fort pour que je comprenne enfin ce que cela veut dire d'être Tous partenaires de liberté ! Tu es un grand enseignant. J'admire ton authenticité et l'homme à la fois solide et sensible que tu es devenu. Je suis honorée d'être ta mère. Je t'aime.

Merci Denis, mon Amour, mon Partenaire d'éternité. Nos contrats d'élévation mutuelle sont scellés au ciel et expérimentés ici sur terre dans la douceur, la tendresse et l'Amour infini que nous nous portons. Tu es celui qui donne un sens à tout ce que j'ai appris, ce que j'ai vécu. Toute cette préparation pour pouvoir apprécier ce grand bonheur dont la Vie nous gratifie ! Merci pour tous ces moments de fous rires, de discussions, de silences, de complicité, de connexions, de spiritualité, de croissance, de bonheurs extraordinaires. Cela m'a pris un temps fou à croire que le bonheur et l'amour existent mais ciel que je suis heureuse d'avoir changé mes croyances là-dessus ! Gratitude infini pour l'Homme exceptionnel que tu es et pour cette Vie que nous chérissons ensemble, dans le moment présent. Je t'aime xx

Liste alphabétique par sujets

Préface...7

Introduction...9

Prologue 11

« On ne veut pas de moi ! »...153

À la diète !..109

À qui donnez-vous votre pouvoir ?..151

À trop vouloir aider...166

Abondance (L')..82

Acceptez de ne pas tout comprendre 76

Aimer plus ou aimer mieux ?...117

Alzheimer...118

Angle mort..88

Apprentissages (Les)...125

Autre et la conscience (L')..200

Avance, et le chemin apparaîtra...104

Avoir raison... ou évoluer et se libérer !..179

Bottines doivent suivre les babines ! (Les).......................................138

Boucler la boucle...58

Ce n'est pas l'autre, c'est moi !..127

Changement de cap..170

Chers patrons,..157

Comment lutter contre une emprise..103

Comment se porte votre dignité ?...71

Conflits (Les)...226

Connexion à soi (La)..47

Contrat d'âmes..23

Conversations avec l'univers...171

Crise ? Chouette ! (Une)..181

Dans la zone témoin...46

Déçu ? Et alors ?..136

Déni de soi (Le)...66

Dépendance affective ou indépendance émotionnelle 54

Désapprendre 42

Détecteur de mensonges..116

Développement personnel..15

Dire les non-dits...176

Douleur et la souffrance (La)...194

Ego spirituel (L')..27

Émotions (Les)...123

En retard dans les nouvelles ? 198
Enfer de la comparaison (L') 168
Engourdir ses émotions 124
Erreurs et échecs 140
Et le travail, ça va ? 156
Êtes-vous dans votre vie ? 113
Êtes-vous présents ? 143
Êtes-vous un guerrier ? 150
Être conscient ou être heureux ? 175
Être efficace : est-ce vraiment une qualité ? 111
Être épargné 137
Être soi 147
Évolution 210
Faire la paix 201
Fatigué ? Stressé ? 204
Forcer ou vivre heureux ? 91
Ignorance crée la souffrance (L') 184
Il est temps d'avancer 234
Il nous est toujours donné selon nos croyances 78
Inconfort (L') 126
Influence mutuelle 48
Jamais à 100 % ! 18
Je veux ! 197
Jugements (Les) 51
Laissez de l'espace ! 169
Liberté d'engagement (La) 120
Loyauté (La) 33
Messagers de la vie (Les) 183
Nos programmations internes 80
Nos zones d'ombre 31
Notre création 215
Nous en avons besoin ! 163
Nous sommes responsables de chacune de nos relations 13
Nous sommes responsables de notre vie 121
Nous sommes tous aimés inconditionnellement 173
On peut toujours choisir 203
Paix intérieure n'a pas de prix (La) 122
Perdre ses illusions 205
Peurs (Nos) 89
Plus belle rencontre de notre vie (La) 141
Pour attirer autre chose dans notre vie 195
Pour ne jamais souffrir en vain ! 16
Pour que la vie soit bonne... 60

Prix de la survie de l'ego (Le) 134
Qu'est-ce qu'on attire ? 187
Quand je serai grand 159
Quand la colère nous étouffe 70
Quand la réalité frappe ! 213
Quand nous nous jugeons 62
Quand on fait plus de ce qui fonctionne le moins ! 162
Quand on veut à tout prix que l'autre comprenne 129
Quand trop de tolérance engendre la souffrance 106
Que reste-t-il quand il ne reste plus rien ? 35
Quel que soit le chemin 105
Quelle est la pierre qui bloque votre chemin ? 73
Quelle réalité ? 212
Quelle valeur vous accordez-vous ? 52
Réaliser ses rêves ? Vraiment ? 207
Réfléchir ou ressentir 75
Relation avec la vie (La) 221
Relation avec les autres (La) 224
Relation avec soi (La) 219
Relations (Nos) 178
Relations abusives (Les) 63
Relations vous nourrissent-elles ? (Vos) 192
Responsabilisation (La) 20
Rêve inachevé 99
Revisitez votre histoire 68
Révolution ! 209
Rien ne satisfait l'ego 133
Rose ou les épines (La) 86
S'accrocher à ses problèmes 185
S'aimer, ce n'est pas seulement se trouver belle (ou beau) ! 84
Sagesse (La) 25
Scénarios (Les) 228
Se pousser jusqu'à l'épuisement 130
Se respecter ou respecter sa promesse ? 97
Secrets de famille 145
Simplifiez ! 161
Stratégies pour nous faire aimer (Nos) 189
Suivez le guide ! 101
Tous les chemins mènent à la conscience 94
Tous partenaires de liberté : la réalité 230
Tout ce que nous vivons a un but 22
Tout est bon 38
Tout passe 29

Toxique !..149

Transfert de responsabilité !..188

Transformer la honte et accueillir la vulnérabilité................44

Transformez vos malédictions en bénédictions !................65

Un autre sens à la souffrance..174

Valeur immense de la légèreté (La)................................139

Victime ?..49

Vie nous comble toujours exactement au même niveau que nous sommes prêts à recevoir (La)..96

Vie nous enseigne constamment (La)................................56

Vie passe trop vite (La)..36

Vivre dans la présence..202

Voies de contournement..40

Voir au-delà..165

Votre lumière ne s'éteindra jamais................................108

Vous voulez sauver du temps ?................................115

Vous, l'autre et la relation..217

Remerciements..235